JN092504

~高校野球を動かしたある男の物語~

輝け甲子園の星 編集部

~目次~

第2章　舞い込んできた不思議なご縁　41

第3章　決意　69

第4章　蒔いた種のとおりに実を結ぶ　99

第5章　0から1への挑戦 ～女子プロ野球リーグ開幕～　129

第7章 「5つの布石」 189

第8章 「継承」 221

プロローグ

「女子高校野球の決勝が甲子園で実現」

二〇二一年八月二十三日。

女子野球の新たな一ページを開く、歴史的な試合が開催された。

遂に、甲子園の土に、女子高校球児が足を踏み入れたのだ。

かつて甲子園は、女子高校球児には閉ざされた聖地だった。

どれだけ願っても叶わなかった夢。

女子野球の歴史を紐解けば、百年以上にもわたる記録が浮かび上がる。

本書は、そのなかでも、『甲子園』という夢を加速させ、希望の扉を開き、歴史をつくった者たちの軌跡を綴ってゆく。

女子野球の時代が動き始めるきっかけとなったのは二〇〇七年。ある一人の男が、陽の目を見ることができなかった女子野球の世界と運命的な出会いを果たした。その男こそ、のちに女子野球界に一筋の光を照らした角谷建耀知（かくたにけんいち）である。

一九九八年に株式会社わかさ生活（本社・京都府京都市）を創業した角谷は、自他ともに認める大の野球好き。

その彼が、偶然出会った女子野球の未来を願い、そして信じ、女子高校球児の甲子園実現に向けて邁進した。

そこには角谷の波乱万丈の人生、そのなかで培った経験や想い、そして、彼の夢と共に歩んだ者たちのストーリーがあった。

今や競技人口は二万人を超え、四十校以上の高校が女子硬式野球部をつくるまでに発展した。わずか十数年の間で、女子野球がこれほどまでに脚光を浴びる時代へと変貌を遂げるとは誰も想像しなかっただろう。

ともに感じてほしい。

今から語られる、『女の子の甲子園』が実現するという奇跡が起きるまでの『キセキ』を。

野球を愛し志す
女子高校球児を応援したい
わたしたちすべての願いです

第1章

女子野球との出会い

不遇な環境に置かれた幼少期、そして幾多の試練

女子高校球児の夢『甲子園』を叶えるために、情熱を注ぎ続ける男、角谷建耀知。彼と野球のつながりは、とても深い。

一九六一年、京都府と兵庫県の中北部、丹波地方で角谷少年は生まれた。六歳のときに両親が離婚。その後は母方の祖母に育てられた。

身体を動かすことが大好きな角谷少年は、毎日、神社の広場で野球をする活発な子どもだった。

ところが、小学四年生のとき。その後の人生に大きな影響を与える事故がおこる。

当時、子どもたちの間で大流行していた『仮面ライダー』の真似をして、小高い土手から小川を自転車で飛び越えようとした彼は、そのまま高さ三〜四メートルの川床へ顔面から勢いよく落下してしまったのだ。

「ケンちゃん大丈夫か⁉」

意識が遠のいていくなかで、友だちの声がぼんやりと聞こえていた。

角谷少年は、それから一週間、意識不明の危篤状態。診断はくも膜下出血。幸い意識は取り戻したものの、当時の医療技術では決定的な治療方法がなく、そのまま経過を観察することになった。

医師からは「絶対に安静にしなさい。運動は絶対に禁止だよ」と言われていた。それでも、とにかく野球がやりたい彼は、福知山商業高校（現・福知山成美高校）へ進学。片道約三十キロの自転車通学に加え、学費を稼ぐ新聞配達のアルバイトをしながら、医者や祖母に内緒で野球部に入部した。

しかし、祖母との生活は困窮を極め、学費を自分で稼がなければならない彼にとって、野球部とアルバイトの両立など到底不可能で、結局、野球を諦めざるを得なかった。

病気と家庭の事情という、自分では解決することができない理由で、何よりも好きな野球を諦めないといけない。

十代の少年にとってそれは、身を切られるほどつらい出来事だったに違いない。

当時、「一生このまま薬を飲み続けなければ生きていけないのか……」と思うほどひっきりなしに襲ってくる頭痛に恐怖を抱き、将来への不安や失望感で野球を観ることすら避けていた時期もあった。

それでも、やはり野球が好きだった角谷少年が、ふとテレビをつけて観た甲子園の高校野球中継。生涯にわたって憧れを持ちつづける、一人の高校球児の姿に目を奪われた。

その選手こそが、甲子園で華々しく活躍する原辰徳(はらたつのり)選手(現・読売巨人軍監督)だった。特に一九七四年、夏の全国高等学校野球選手権大会の準々決勝、鹿児島実業高校vs東海大相模高校の延長十五回の熱戦は、今でも角谷の脳裏に焼き付いている。

高校を卒業した角谷は、大学に進学することで故郷を離れ、祖母を一人にしてしまうことに悩んでいた。そんななか、祖母がこう言った。「おばあちゃんに気ぃ遣うとあらしまへん。あんたの好きな道に進みなはれ！　そのほうがおばあちゃんには嬉しいよってな……」

そんな祖母からの言葉に後押しされ、新聞奨学生として、憧れの原選手が在籍する東海大学へ進学することにした。

入学手続きのため大学へ足を運んだ角谷が一目散に向かったのは、野球部の練習グラウンド。テレビで観ていた原選手の姿を直接見るためだ。憧れの人を目の前にして、彼がどれだけ胸を弾ませたかは容易に想像ができる。憧れの選手を身近に感じられる大学生活は彼にとって希望に満ち溢れたものだったに違いない。

しかし、またしても角谷に試練が襲いかかる。あの事故以来、通院をつづけている病院で受けた定期検査で脳腫瘍と診断されたのだ。そして、すぐにこう言い渡された。

「緊急出術をしてもらわなければなりません。すぐに手術しよう」

結局、十八歳の角谷が大学へ通えたのは入学式の一日だけだった。

そして、この手術が彼にもたらしたものは、苦労して入学できた大学からの退学だけではなかった。長時間にわたる手術は成功したものの、角谷は右半分の視野を失ってしまったのだ。

失意のどん底に突き落とされた角谷は、二度の自殺未遂を起こしたが、そんな彼に生きる気力を取り戻させてくれたのが、やはり高校野球だった。

「自分より年下の高校生がこんなにも頑張っている。自分も病気に負けずに頑張りたい。人の役に立つ仕事がしたい」

そう強く思い、二十歳で会社創業の道を選んだ。

ここまでの角谷が歩んできた軌跡を辿るだけでも、壮絶な人生が見えてくる。幼少期に取り巻かれた不遇な環境にも一切の言い訳をせず、そして、何度も襲い掛かってくる試練から逃げずに乗り越えてきたのだ。

世のため、人のためにこの命を使いたい 

角谷を知る多くの者が口を揃えて、彼についてこう語る。

「いつも角谷さんは、『せっかく生かされた命。その命を世のため、人のために使いたい』と言っている」と。

その言葉のとおり、角谷が会社創業後に取り組んだ数多くの社会貢献活動には、企業としての活動の範囲を超えるといっても過言ではないものがあった。それは、彼の

『想い』が詰まっていたからである。

その『想い』とは、常に、「本当に役立つことは何か、未来につながる支援になるためにはどうすればよいか」を考えること。そして、「どうしたら一番早くできるのか」という思考も欠かせない。

まさに、「実行力」と「先を見る力」を兼ね備えた角谷ならではの活動なのだ。決して、モノを渡して単発的に終わるようなことをしないのが、彼の社会貢献活動の特徴であると言えるだろう。

角谷は、自らが阪神・淡路大震災で被災した際に感じた不便さや不安な日々の経験をもとに、これまで全国各地を襲った震災に対しても数多くの支援をおこなっている。

二〇〇四年十月に日本の北西部を襲った新潟中越地震では、義援金だけでなく、その地域の特徴を把握し、近い先に訪れる厳しい冬の気温低下を考え、被災者へカイロ七十二万袋を直接届ける支援をすみやかにおこなった。

そして、二〇一一年の東日本大震災時には、将来を担う若者が震災を原因とした内定の取り消しをされていると知ると、百名もの被災学生への採用の受け入れを公表し希望を与えた。

さらに、その半年後には、継続した復興支援の一環として宮城県仙台市へ東北支社の設立を決めた。

この東北支社設立の背景にある角谷の想いを、当時から人事を担当する杉浦綾が語る。

「被災され内定が取り消しになった高校生や大学生に対して、『遠く離れた京都でも良かったら、温かく迎えてあげたい』という角谷社長の想いで、すぐに住宅や生活に必要な家電など一式を揃えて、希望された方全員にご入社いただきました。その当時から角谷社長が仰っていたことは、『入社したこの子たちは、地元で働きたかった子たち。京都でたくさん経験し成長して、自分たちの手で故郷の復興のために頑張れる人材になってほしい。だから、彼ら彼女たちが地元で頑張ることのできる環境、そして東北支社を設立してあげたい』という言葉でした」

▲東北支社設立で多くの若者の雇用を支援

まさに、未来につながる「先を見る力」を持った角谷らしい、物事の本質を見抜いた「実行力」だ。

「自分のことよりも人のこと」を優先する角谷だからこそできた活動は他にも数多くある。

二〇一四年、京都の福知山市、兵庫の丹波市を中心に襲った集中豪雨のときもそうだった。二百名以上の従業員を、約二週間にわたって毎日、土砂が流れ込んだ住宅の清掃をはじめとする復旧活動にあたらせている。

また、角谷のあらゆる取り組みへの考え方の特徴は、後述する女子硬式野球への支援にも通ずるが、「継続すること」にある。

角谷自身が幼少期の事故による後遺症で目の不自由に悩まされたことがきっかけとなって始めた盲導犬育成事業への支援は約二十年続く。また、親と離れ離れになりながら

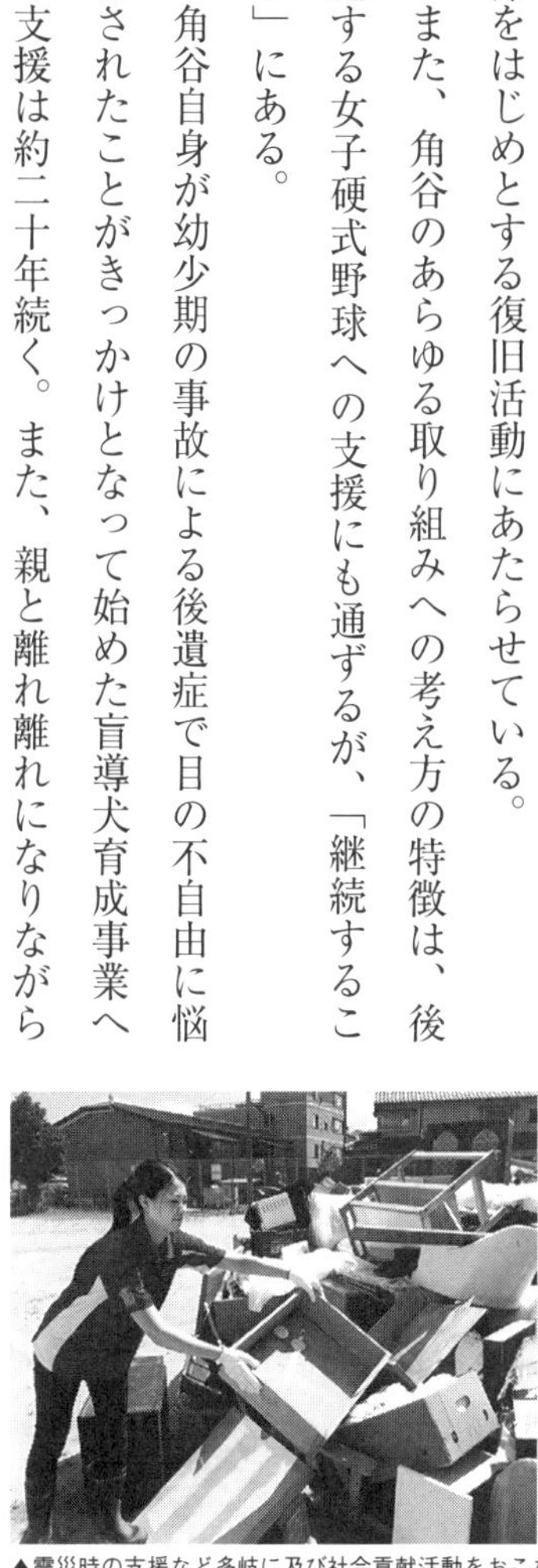

▲震災時の支援など多岐に及び社会貢献活動をおこなう

懸命に生きている子どもたちがいる児童養護施設にも、社会貢献と社員教育を兼ねて二〇〇五年から支援を継続している。

児童養護施設の子どもたちには、何かを与えることにとどまらず、生きていく力を提供していることも彼らしい優しさだ。具体的には、パソコンやネット環境を施設に整え、また、パソコンに詳しい従業員が使い方などを子どもたちに教える取り組みもしている。

まさに、「魚を与える」のではなく、「釣り竿」を与え、「釣り方」を教え、長く自分自身で生きていく力を育てるのと同じ。その子どもたちにとって、何が将来役に立ち、自立できることにつながるのかを考えた角谷ならではの取り組みなのだ。

夢を持ち、語る大切さ

角谷は自身が歩んできた人生のなかで、幾多の試練にぶつかっても、常に夢を持ち、乗り越えてきている。

彼を知る多くの人はこう口を揃える。

「角谷さんは、よく夢を持つことの大切さを話します。そして、何より大切なことは、夢を心のなかで持っているだけではなく、人に何度も伝えることが大事だと言っています」

それは自身の経験から学んだメッセージなのだろう。

そして、角谷自身が夢を持つことはもちろん、夢を追っている人に対する応援を今まで数多く実行してきた。

夢を持つことの大切さを語るだけでなく、夢が叶うことを子どもたちに実体験させるプロジェクトも過去に動かしている。

それは、小さなころから野球が好きだった、角谷らしいプロジェクトだった。

そのプロジェクトは二〇〇五年五月に始まった。角谷が経営する株式会社わかさ生活の本社がある、京都の少年野球チームの子どもたちに「一生懸命に頑張れば夢は叶う」ということを体験させるというものだった。

角谷は野球経験が豊富な社員を集め「京都一弱いチームを三年で優勝させる」とい

う方針を打ち出したのだ。

その少年野球チームの前年の成績は一勝二十三敗一分け。まさに京都一と言っていいほどの弱小チームだ。

当時、そのチームの指導にあたった宮井隆行（みやいたかゆき）はこう語る。

「最初は、そのチームの子どもたちはいつも負けていたので、勝つということの楽しさを味わったことがありませんでした。優勝するなんて夢のまた夢。だから練習も楽しくないといった感じで。その様子を角谷社長に伝えたところ、こんな風に言われました。『子どもたちに上から教えるのではなく、まず姿勢を落とし、子どもの目線で教えてあげてほしい。そして、鬼ごっこを取り入れるなど野球の練習に行くことが楽しくなるようにしてあげてほしい』と」。

角谷の狙いは、「好きになること」と「勝ち癖をつけること」。その二つであったようだ。

時が経つにつれ、少しずつ子どもたちの表情は変わり、試合にも勝つケースが増えてきた。一度、勝つ喜びを覚えた子どもたちは、今までの指導者や保護者が驚きを見せるほど、わずか一年で見違えるように強くたくましく育っていた。二年目の夏の大会ではベスト16に進出。また、年間のリーグ戦では見事三位に入賞し、年間成績四十二勝二十三敗という堂々たる結果を残した。

そして約束の三年後には、見事二つの大会で優勝したのである。

これはほんの一例にすぎない。社会や子どもたちのために、角谷が今まで取り組んできた活動は他にも数多くある。

▲地元京都の少年野球チームを優勝に導いたプロジェクト

一つひとつの活動に共通しているのは、彼が幼少期に苦労した生活や、事故による後遺症により、困難のなかで培ってきた「生きていく力」。それがまさに角谷に備わった「実行力」や「先を見る力」である。そして、その力を支えているのは、未来につながる支援をしたいという『想い』だ。

女子硬式野球との出会い

角谷と女子硬式野球との最初の出会いは、思いも寄らない形で訪れた。

幼いころから両親の代わりに育ててくれた祖母の墓参りのため、故郷の兵庫県丹波市に戻っていたときのことだ。

野球が大好きな角谷を知る顔馴染の老夫婦から、近くで女子高校野球の全国大会が開催されていることを教えられた。

車でわずか数分のところにある球場に到着すると、目に飛び込んできたのは『全国高等学校女子硬式野球選手権大会』という立て看板。駐車場からスタジアムに向かう途中、ユニフォーム姿の女の子たちとすれ違った。

「こんにちは！」

見ず知らずの角谷にさえ帽子を脱いで元気よく挨拶する女子高校球児たち。彼女たちの顔は真っ黒に日焼けしていた。

そこには誰もが好印象を持つに違いないほど礼儀正しい野球少女たちの姿があっ

た。

スタジアムには五十人ほどの観客がパラパラといるだけだった。出場校の応援団すらいない閑散としたなかで、選手たちはグラウンドで大きな声を出し、イキイキとプレーしていた。

初めて女子高校球児のプレーを見た角谷はとても驚いた。

「少年野球くらいのレベルかな?」と想像していたが、その想像をはるかに超える高いレベルのプレーが繰り広げられていたのだ。

まず角谷が注目したのは、塁間の距離や、投手から打者までの距離が男子と全く同じということだった。

そして、しなやかな投球フォームやスイングの鋭さ、男子以上に滑らかな内野守備、送球、鮮やかなダブルプレーなど、野球好きの角谷でさえ舌を巻くプレーが随所に光っていた。

角谷の目に映るすべてのプレーが衝撃的だった。

▲当時から守備の巧さが光っていた高校時代の厚ヶ瀬美姫(神村学園)

そのなかでもひと際、守備の巧さで光っていた選手が、のちに女子プロ野球リーグで十年連続打率三割以上をマーク、ベストナイン賞を何度も獲得し、まさに女子プロ野球界のレジェンドとなった神村学園(鹿児島)の厚ケ瀬美姫(あつがせみき)だった。

角谷は、女子高校野球のレベルの高さ、そして、男子の高校野球に負けないほどに、純粋に白球を追いかけ野球を楽しんでいる女の子たちの姿に心を打たれた。

直面する女子硬式野球の現実

しかし、その直後に角谷は、ある光景を目の当たりにして心が動かされることになった。それは、女子硬式野球の悲しい現実だった。

試合が終わったあと、勝者も敗者も関係なく、一様に泣きじゃくる女子高校球児たち……。

そこには、さっきまで男子顔負けのプレーをしていた選手の姿はなかった。

不思議に思った角谷が、近くに座っていた男性に話を聞くと、こんな言葉が返ってきた。

「あの子らの野球人生は、この試合でおしまいなんだ……」

その言葉に耳を疑った。

「でも大学とか、社会人野球があるのでは？」と聞き返す角谷に、その男性が教えてくれた女子硬式野球の現実に角谷は心を痛めることになった。

角谷が見ていた試合は全国大会にも関わらず、参加チームは六チーム（うち一チームは連合チーム）で、それが全国の女子硬式野球部のすべてのチーム数。

しかも、野球に対する情熱が強い関西には女子硬式野球部のある高校が一校もない。さらに、大学や企業には女子硬式野球部はほとんどなく、彼女たちはこの先、野球をつづけていく環境がないのだった。

角谷は驚きを隠せなかった。

球場を後にして帰路についても、女子硬式野球の現実は脳裏を離れなかった。

「あの子たちにとって、丹波が人生最後の試合になるのか。あれで終わってしまうのか……」

当時、女子の硬式野球部があった高校は、神村学園（鹿児島）、埼玉栄（埼玉）、花咲徳栄（埼玉）、駒沢学園女子（東京）、蒲田女子（東京）の全国で五校。

野球がしたい女の子たちは、中学で親元を離れ野球留学をせざるを得ない現実もあった。

「それほどまでに好きな野球が高校までで道が閉ざされるなんて……」

角谷には、彼女たちの姿にいくつかの記憶が蘇ったという。

祖母と過ごした貧しい生活。脳に大怪我を負い野球ができなくなった学生時代。脳腫瘍が発覚し、せっかく合格した大学にも行けなかったこと。手術の傷跡が激しかった顔を、異物を見るような目で見られたこと……。

自分の力では、どうにもならないことがある。

その絶望感はいちばん角谷自身が知っていたことであった。「彼女たちのために、何かできないのか。そう考えたら、もう止められなかった」と、角谷はのちに語っている。

地元で大会が開かれていたこと、それが祖母のお墓参りの日だったこと、すべてが縁だと感じた角谷に、一つの想いと覚悟が芽生えた。

「青春を野球に捧げた女子高校球児たちに、甲子園で試合をさせてあげたい」

まさに、この想いが、女子硬式野球と出会った日から角谷の夢になったのだ。

前例に従っていたら新しい時代は生まれない 

取材を続けるなかで、角谷と同じ夢を歩んだ人々にインタビューを重ねると、共通のキーワードが多く出てきた。

それがまさに「前例主義」という言葉だ。

常に、角谷は「『なぜ』を繰り返さないといけない。でなければ物事の本質は見えない。そして、前例主義は良くない。前例に従っていたら新しい時代は生まれない」と語っているという。

高校の女子硬式野球の現実を知った角谷の頭には、「なぜ」が浮かび、「女子野球の過去の前例（時代）を変えていく」決意があったのだろう。

なぜ、男子の高校野球は甲子園で注目を集めるなかで開催されているにも関わらず、女子は甲子園のような夢の舞台でプレーできないのか。

もともと男子も女子もバレーボール部やバスケットボール部などでは全国大会が同じ会場で開催されることがほとんどである。

「春高バレー」の愛称で親しまれている全日本バレーボール高等学校選手権大会は、男女ともに東京体育館に集結して開催され、準決勝と決勝戦は男女同日に連続しておこなわれている。また、「ウインターカップ」の呼称が定着してきた全国高等学校バスケットボール選抜優勝大会も日程のずれはあるものの、男女同一の会場でおこなわれている。毎年三月に開催される全国高等学校ハンドボール選抜大会も同様だ。

このように、他のスポーツでは、それぞれの状況や競技人口に応じて、男女が共存している。それを考えれば、「野球だって女の子の試合を甲子園球場で開催できないという理由はないはずだ」と角谷は考えていたのだった。

なぜ、女の子でも硬式野球ができる高校が少ないのか。なぜ、大学や社会人で野球を続けられる環境がつくれないのか。

角谷は「なぜ」を繰り返しながらも、当然ながら女子硬式野球の競技人口が少ないことに要因があることは想像できていた。実際に調べてみると、当時、女子硬式野球をする選手の人数は全国で小学生から大学生、そしてクラブチームなど、全てを合わせても約六百人程度だった。

「なぜ」の次に角谷が考えることは、今までの「前例」や「現実」をどのように変えていくかにあった。

「どうしたら、野球をする女の子たちが増えるのか」

前述した通り、角谷には「実行力」と「先を見る力」がある。

このとき、彼にはすでに見えていたのだろう。

何をすれば女子野球界の未来が拓かれるのかということが。

当時、角谷から女子硬式野球の現状、そして想いを聞き、共感し動き始めた者たちの一人、宮井隆行がこう証言する。

「角谷社長が女子野球を丹波市で初めて見た次の日から、『甲子園で女子がプレーできる時代をつくらないといけない。それこそが女子野球の未来につながる』と本当に熱く語っておられました。そして、『競技人口が増加する仕組みと、全国各都道府県の高校に女子硬式野球部が最低一校はないと甲子園での開催はなかなか前に進まない。そのために、すぐに行動に移す』と仰っていました」

そして、宮井は続けて、このようなことも教えてくれた。

「角谷社長の動きは本当に早かったです。最初に着手した活動の一つとして、女子硬式野球をまだ知らない人たちに存在を知ってもらう必要がありました。当時、彼女たちの試合結果が新聞などで掲載されることは当然なく、インターネットを調べても出てこない。そこで、女子硬式野球の情報を掲出するＷＥＢサイトを構築し、そのサイトで試合結果だけでなく速報までも公開するようにしました。我々スタッフが球場に行き、瞬時に情報を届けることにより、サイトがパンクするほどの反響がありました。また、遠く離れた球場で試合をしている彼女たちのご家族からも、予想以上の喜びの声が届いたのです。当時、速報に対応するＷＥＢサイト構築には莫大な費用がかかることがわかりましたが、角谷社長は、費用よりも優先して、何事も女子硬式野球のために即断され行動に移されていました」

過去に角谷自身も女子硬式野球の現状、そして、その現状を変え未来を築くために、女子高校球児の甲子園の実現が必要であるということを語っている。

「女子野球ではチームの絶対数が少ないのも事実。『せめて、各都道府県に複数の学校があり、地区大会をやったうえで全国大会が開催できるようになってから考えることだろう』という意見もあるかもしれません。しかし、その一方で、ステージを与えてこそ、競技の裾野が広がっていくという見方もあります。どちらを推進していくべきかに関して結論はありません。しかし、確実に言えることは、男子と同じ想いで日々白球を追っている女子高校球児がいるということです。そんな高校生に活躍できる場を与えることも、見守る大人の大事な役割ではないかと思います」

そして、角谷の提言はこれだけに留まらなかった。

「女子野球選手に憧れの地『甲子園』への道が拓かれたら、当然、女性の野球人口は飛躍的に増加します。競技人口が増え、裾野が広がれば、ますます甲子園大会は盛り上がります。そして、その先には、野球界全体の発展にもつながります。なぜなら、野球をプレーする文化・野球を観る文化が女性に根づき、女性たちがやがてお母さんになると、その子どもたちはお母さんの影響で野球を始めるんです。結果、野球の競技人口が増えることで、昨今課題とされている野球界全体の人気が戻ることにもつながるはずです」

角谷はまさに将来の野球界全体の普及・発展をも考えていたのだ。

女子硬式野球躍進のために奔走する想い 

「女子硬式野球の普及のために何ができるか」

まず角谷が考えたのは、裾野を広げることだった。

そこで彼は、当時では無謀とも思われた、こんな目標を打ち立てた。

「十年で女子硬式野球部のある高校を五校から三十校に増やす。そして、その全国大会の決勝戦の舞台を甲子園で実現する」

一見、無茶に思える目標だが、角谷は自他ともに認める有言実行の男。

女子野球と出会った日の数日後には、その目標に向けて、角谷は全国の高校をまわり、女子硬式野球部の創部を訴え始めた。

当時、スポーツ事業部門の広報担当として、角谷自らが学校へ説明にまわっている場に同席していた岩崎恭子（いわさききょうこ）が、そのときの思い出をこう語る。

「いちばん印象に残っているのは、本業とはつながりのない女子野球のことに、社長自らが足を運び、各学校の方に頭を下げお願いされていた姿です。率直に、社長という立場の人が、ここまで見返りを求めず、女子野球のためだけに行動されるのかという驚きと、信念に圧倒された記憶があります」

岩崎が同席したのは数回だったというが、角谷は来る日も来る日も、創部に協力してくれる学校を探しまわった。

しかし、賛同した学校は一校も当時はなかった。

学校側が二の足を踏むのには理由があった。男女混合で練習した場合の危険性や練習場の確保、そして学校側は、特定の企業と関係性を持つことは色々と問題になると考え、会社の経営者である角谷の提言を受け入れることに難色を示したのだ。

それを聞いて、角谷は絶対に普及活動で企業色を出してはいけないと思い、本業を横に置き、あくまでも「個人」として奔走しつづけた。

そのなかで、時には辛辣な言葉が返ってくることもあった。

「女子野球？　なぜそんな先のないことをしたいの？」

「生徒が集まらないでしょ。女子硬式野球部なんてつくっても」

「一企業の社長が、なぜお金にならんことをするのか。何か企んでいるのか？」

女子硬式野球部が増えることで、裾野が広がる。その先に女子の甲子園が実現する。角谷はそんな夢を全国の高校へ、熱意をもって一心不乱に伝えつづけた。

しかし当時、その想いが届く高校はなかった。

夢を叶えるための千里の道の一歩目

角谷が夢を叶えるコツとして、よく語る言葉がある。

「叶うという漢字は、『口』に『十』と書く。何度も自分の口を使って伝えつづけることが夢を叶えるためには必要だ」

まさに角谷は、断られても諦めずに女子硬式野球部をつくってくれる高校との出会いを求めて奔走し続けた。

そんな角谷の言葉通り、女子硬式野球部をつくることができるチャンスが彼に巡ってきたのは、翌二〇〇八年。

女子硬式野球部の創部に奮闘する角谷の元に、母校の福知山成美高校から、学校再生の依頼が舞い込んだのだ。そこで、彼が打ち出した「再生プラン」の一つこそが関西初の『女子硬式野球部の創部』だった。

第2章

舞い込んできた不思議なご縁

二〇〇八年、角谷のもとに、複数名の成美学園（当時・成美学苑）関係者が訪れた。

事前に連絡が入っていた訪問の用件は、角谷が福知山成美高校の男子硬式野球部に遠征バスを寄贈するなど、母校への継続的な支援をしていたことに対する御礼だと聞いていた。

しかし、当日、話は思いもよらない展開に進んでいく。

それは「母校・福知山成美高校を運営する成美学園の再生に力を貸してほしい」というものであった。

このとき、あまりにも突然の依頼であったため、角谷は丁重に断りをいれた。なぜなら、角谷は数百万人ものお客様、そして約五百名（二〇〇八年時点）もの従業員をかかえる会社の創業者であり経営者。角谷は、二足の草鞋（わらじ）を履く時間などない多忙な日々を過ごしていたのだ。

学園の再生に関わるとなると中途半端なことはできない。ただでさえ、京都の北部に位置する成美学園に通うためには、京都市内から車で片道二、三時間かかり、通いつづけることも困難だった。

角谷は、母校の発展を願うからこそ、軽率に依頼を引き受けることはできないと判断していたのである。

しかし、角谷に協力を仰ぐ成美学園の来訪はつづいた。

二度目も角谷の判断に変わりはなかったが、角谷は自らの経験から培った経営理論に基づき、学園再生のためのアイデアを伝えた。角谷のアイデアは、成美学園の学校関係者にとっては斬新かつ希望を与えるものだったのだろう。話をすればするほど、成美学園の依頼は熱を帯びていった。

そして、ついに三度目の来訪で、角谷は学園再生の依頼を引き受ける決意をすることになった。

角谷とともにその場に同席していた関係者は、このように振り返る。

「丁重に断りつづけても、何度も足を運ばれる誠意に対して、断りづらい状況になっていたことはありましたが、引き受けられた理由は別にありました。角谷社長が、ずっと仰っていたことは、『母校には本当に感謝しているから恩返しをしたい気持ちがある。そして、学校が再生されることにより地域の活性化にもつながるため役に立ちたい気持ちもあるんだ』ということでした」

角谷は母校を想い、そして生まれ育った地元の発展を願い、学園再生を引き受けたのだった。

母校への感謝の気持ちで決意した学園再生

角谷は幼いころ、両親が離婚し祖母に引き取られ貧しい生活を送っていた。それらが原因で小学校と中学校でイジメにあい、角谷少年が考え抜いた末にたどりついた選択は、実家から通える範囲で、中学校の同級生とは違う高校への進学だった。

しかし、角谷少年には、私立の福知山成美高校(当時・福知山商業高校)が公立の高校より学費がかかるとは思いもよらないことだった。入学後数カ月で学費を滞納し、学校の事務室に呼ばれた彼に通告された言葉は、大人からの非情なものだった。

「角谷くん、これ以上学費の支払いが滞るようなら、退学してもらわないといけないよ」

角谷少年は、そのときに初めて、〝学費〟というものを実感したのだ。「アルバイトをして支払うのでちょっと待ってほしい」と事務局に訴えかけても、「学校ではアルバイトを認めていない」と叱られた。ただ他に方法がなく、何度も事務室に行っては、二つのことを懇願しつづけた。一つは学費を分割で支払うこと、もう一つは、禁止されているアルバイトを例外的に認めてほしいということだった。角谷少年の熱意に打たれた事務局の担当者は、分割での支払いは認めてくれた。ただ、アルバイトについては〝Ｙｅｓ〟とも〝Ｎｏ〟とも言われなくなった。見て見ぬふりをしてくれたのだ。

角谷はのちに、このように語っている。

「片道約三十㎞もある高校へ、雨の日も雪の日も休むことなく自転車で通った。学費を稼ぐために、新聞配達をはじめ多くのアルバイトを高校時代に経験できたことが、今の経営の土台になっている。あのとき、学校がアルバイトをすることに目をつぶってくれなければ、そのような経験や高校生活も送ることができなかった。だから母校には感謝しているし、恩返しができるように成長したいと思っていた」と。

共に感動し、共に苦労し、共に励まし合い、共に喜べる

二〇〇八年の年末、角谷は母校への恩返し、そして生まれ育った地域に貢献したいという想いで、成美学園の再生を担う重責を承諾した。引き受けるうえで角谷が提示した条件はたった一つ、「報酬は一切受け取らない」ということだった。

その後の角谷の行動は実に早かった。まずは〝現場を自分の目で見て、声を聴く〟。角谷が経営で大切にしていることだ。

学園再生の依頼を承諾してから数日後には、雪が降るなか車を走らせ成美学園へ向かった。

当時の成美学園は、福知山成美高校・福知山女子高校・京都短期大学・京都創成大学の四校を運営していた。

角谷は現地に着くと、すぐさま各学校をまわり、生徒・教員たちの声を聴いた。

角谷が経営するわかさ生活には、彼が掲げたスローガンがある。それは、『共に感動し、共に苦労し、共に励まし合い、共に喜べる』である。角谷は、いつも何かを成

し遂げようとするとき、『共に』を大切にしている。だからこそ、校内をまわり話しかけた教員たちに、角谷は「一緒に変えましょう。一緒につくりましょう」と伝えつづけたのだ。

同行していた関係者は、この日が非常に記憶に残る一日だったという。

「あの日、角谷社長は到着するとすぐに学園内を歩きまわり、学生が授業を受ける施設環境面を確認し、教員に話しかけることで改善すべき点をたくさん見つけておられました。そのあと、成美学園の学校関係者と会議室で対話をされたときには、角谷社長は胸襟を開いて話をされ、同席した全員の表情が、希望に満ちた顔に変わっていくことを感じました。帰路につく際、これからの再生に向けた可能性を感じながら楽しく話をしたことをよく覚えています。ものすごく雪の降る日で寒かったのですが、明るい未来を描くことができ、ワクワクした気持ちになり心が温まる、そんな時間だったのです」

角谷には、このときすでに、学園再生に向けた道筋が見えていたのだ。

見えた希望の光

二〇〇九年、角谷は三年間という約束で、正式に成美学園の理事長に就任した。当時、成美学園の経営は、まさに逼迫(ひっぱく)している状態。実態を知った角谷は驚いた。このままの経営をつづけていると、近い将来には閉校せざるを得ない状況だったという。

角谷はすぐに、多くの教員を含む学校関係者を集め、成美学園の現状を全て開示し説明した。学校の経営状況を知らない教員たち。一堂に集まった会議室は、異様な雰囲気に包まれた。

角谷は、成美学園の現状や再生計画を具体的に示し、未来の成美学園のビジョンを共有した。角谷は一度も椅子に座ることなく、実に数時間にわたって熱弁したのだ。

その場に同席した関係者は、そのときに見た角谷の姿が心に残っているという。

「角谷社長は終始休むことなく熱意を持って先生方に説明されていました。その姿は、まさに『母校を再生したい』その一心で、学校関係者のみなさんの〝再生に向けた心〟を動かそうとされるものでした」

角谷には、そのときの様子がどのように映っていたのだろうか。

実は、角谷に見えていたのは希望の光だけだったようだ。

その光とは、角谷の話に素直に耳を傾けていた教員たちがいたということだった。

角谷はそこに光を見いだしていた。

学校を改革していくためには、なによりも現場の教員たちの協力が必要になる。その教員たちの目から「学校を良くしたい。子どもたちに学校を残したい」という気持ちが汲みとれたのだ。

学園再生の中心となる二つの改革プラン

理事長に就任してからというもの、角谷は頻繁に遠く離れた成美学園へ向かった。

当然ながら、理事長といえども、全てを自分の考えだけで進めることはできない。

毎日、本業の仕事を終えてから深夜にかけて、理事会に提出して決議をとるために、学園再生に向けた改革案の準備に追われた。

当時の様子を、わかさ生活で経理を任されていた荻野祥世（おぎのさちよ）はこのように振り返る。

「見ているこちらが、角谷社長の体調を心配するほど、深夜遅くまで成美学園のために全力を注いでおられました。従業員の私たちは最初、理事長をされるという話を聞いたとき、『えっ⁉　なんで⁉』となりました。でも、角谷社長が福知山まで往復五、六時間かけて、成美学園のために必死に走りまわられている姿を見て、『自分たちで会社を守らないと。成長しないと』と、思えたきっかけになりました」

▲当時、角谷が学園再生のため理事会に向け準備した資料

角谷は寝る間も惜しんで、母校のため、地域のために全精力を注ぎ学園再生に取り組みつづけた。

その姿に、成美学園内に協力する者も増え、ついに角谷は、以前から構想を練り考えていた学園再生の中心となる二つの改革プランを正式に実行し始めた。
その一つがフィンランド式教育を導入した小中一貫校の設立、そして、もう一つが、女子硬式野球部の創部だったのである。

フィンランド式教育を導入した小中一貫校

角谷は以前から、経営者としての視点から日本の教育方法に疑念を抱いていた。自身が経営する会社の社員を見ていると、一般的に思われている『高学歴＝仕事ができる』ではない、という思いに至っていた。「大切なことは自分の頭で考えること。詰め込み型の受験勉強頭になっている日本の教育ではその力が育たない」と感じていた。だからこそ、国際的な学力調査でトップを誇るフィンランド式教育に、角谷はいち早く着目していたのだ。

そこで、フィンランド式教育を導入した小中一貫校の設立を提案し進めた。それは当時、全国に類を見ない唯一無二のものであり、これを実現することで学園にとっての教育事業の柱となり、また、なにより子どもたちの将来に役立つ教育ができると考えたのだ。

ただ、その当時、成美学園にフィンランド式教育を指導できる教員は当然ながらいなかった。

そこで角谷は、国内にいるフィンランド式教育の第一人者や本場で活躍していたフィンランド人の先生、そしてわかさ生活からも協力社員を募り、プロジェクトチームを構成し改革を進めていった。

そのチームの一員として加わっていた岩佐百合子(いわさゆりこ)はこのように振り返る。

「福知山に行くときの車中で、いつも角谷社長は、学校のことや地域のためになることだけを考えておられました。角谷社長がよく仰っていたことは、『学園を再生するためには、その地域に認められ、必要とされる学校にしないといけない』ということでした。だからこそ、単にフィンランド式教育を導入するだけでなく、地域の方々にもフィンランドという国の魅力を伝える活動や、福知山の幼稚園・保育園でフィン

▲フィンランドから来日して、フィンランド教育について話すメルヴィ先生

ランドの絵本の読み聞かせをしたり、ときには地域を盛り上げるためにキャンドルナイトや花火大会などのイベントに協力するなど、地域の方に喜んでもらえる活動を継続的におこなっていました。それらはすべて、『地域に認められ、必要とされる学校にすることが大事だ』という角谷社長からのアドバイスによるものでした。角谷社長からは大切なことを教えてもらい、貴重な経験をたくさんさせてもらったことに本当に感謝しています」

角谷は、成美学園の理事長を引き受けている間、報酬を一切受け取ることはなかったが、それだけにとどまらず、学園再生のために必要な人員の多くを、自身が経営する会社の社員を出向させるなど、惜しみなく全面協力していた。

さらに、会社の新入社員の研修を兼ねて、老朽化した校舎の塗装や清掃をおこなうなど、常に一石二鳥・三鳥の考えで、母校の再生に向け尽力しつづけたのだ。

▲老朽化した校舎の塗装や清掃をおこなうわかさ生活の新入社員

関西初の女子硬式野球部を創部

成美学園のある福知山市は、人口十万人にも満たない小さな町。

地域が抱える課題の一つに、中学校まで地元で過ごした子どもたちは、高校から福知山を離れ、市外の学校へ通い始めるといった実情があった。

角谷が学園再生を引き受けた理由は、『母校への恩返しという気持ちに加え、生まれ育った地域に貢献したい』という想いである。

先述した通り、角谷から生まれるアイデアは一石二鳥・三鳥。また、角谷は物事の本質を見抜く力に秀でている。課題の本質を見抜き、俯瞰的な視点で学園再生に取り組んだのが、角谷の改革の特長であるといえるだろう。

学園再生の依頼を受ける一年前のこと。

二〇〇七年の夏、角谷が出会った女子野球。

女子野球界の実情を目の当たりにした角谷は、使命感を持ち、夢を抱いた。

「青春を野球に捧げる女子高校球児たちに、甲子園で試合をさせてあげたい」

このことは、角谷の脳裏から離れることはひと時もなかった。

そして、舞い込んできた母校の学園再生の依頼。

角谷のなかで、全てがつながった。

女子高校球児たちが甲子園の舞台で試合ができる時代を実現するためには、女子野球の人口を増やすこと、そのために女子硬式野球部が全国に創部されることが必要だと考えていた。

角谷はこの想いで、来る日も来る日も、女子硬式野球部創部を全国の学校に訴えつづけていた。ちょうどそのころに、学園再生の話が舞い込んできたのだ。

学園再生の改革プランのもう一つ。

それこそが、福知山成美高校女子硬式野球部の創部だった。

角谷は関西初の女子硬式野球部をつくることで、学校や地域に、関西そして全国から女子野球をやりたい子たちが集まると考えた。それにより、女子野球の普及、学園再生、そして地域の活性化の役に立てると考えたのだ。まさに一石三鳥の発想だったのである。

指導者を託された長野恵利子の想い

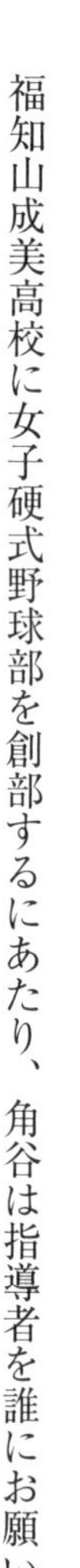

福知山成美高校に女子硬式野球部を創部するにあたり、角谷は指導者を誰にお願いするかが最も重要だと考えていた。

角谷の頭にすぐに浮かんだのは、当時、クラブチーム大阪ＢＬＥＳＳの長野恵利子（ながのえりこ）だった。

長野は、二〇〇八年夏に開催された女子野球ワールドカップで、日本代表のキャプテンとして活躍し、大会初優勝に導いた名選手だったが、その大会を最後に引退し、長野自身もこれからの人生を指導者として歩む決意を固めていた。

ある日、長野のもとに一本の電話が届いた。

その電話の相手は、角谷の意向を受けたわかさ生活の宮井隆行だった。

「長野さん、二〇〇九年四月に、福知山成美高校に女子硬式野球部を創部しようとしています。ぜひ、長野さんに監督をお願いしたいと思っているのですが……」

長野は、そのとき率直に「指導者をやりたいと思っていたタイミングで、こんなにありがたい話はなかなかないな」と思ったという。

電話を切るときには、すでに決意は固まっていたが、長野にとって、あまりにもトントン拍子に進む話だったこともあり、「返答を数日待っていただけますか」と言って、その日の宮井との電話を終えた。しかし、翌日すぐに長野は、居ても立ってもいられず宮井に電話をかけた。

「ぜひ、やらせてください」

長野には、女子野球に対する深い想いがあったのだ。

元々、長野はソフトボールの実業団チームで活躍していた選手だった。しかし、小さいころに憧れを持った野球を諦めきれずにいた二〇〇〇年に、長野は女子野球と出会った。

当時、硬式ではなかったが、女の子たちのために多くの人たちが協力し合い、西武ドームで一試合、女の子だけの日米交流戦が開催されたのだ。

忘れもしない二〇〇〇年五月一日。たった一試合の女の子たちだけの試合。全国から、野球が大好きな女の子たちが集まった。当時はとくに「女の子が野球をするなんて」と言われていた時代で、長野はこの時代を「女の子にとって野球は〝壁のある時代〟だった」と表現している。

その試合に出場した長野は、「野球をやりたい女の子のために、これだけ頑張って実現してくれた人たちがいる。私もこの人たちと一緒に女子野球を広めたい」と思ったのだ。

だからこそ、長野は選手引退後に、指導者として女子野球を普及させたいという想いを持っていた。

そして、タイミングよく福知山成美高校女子硬式野球部の監督を角谷から託されたのであった。

長野は、今でも角谷に「指導者としてのチャンスをもらえたこと、そして、女子野球を見つけてくれたこと」を感謝しているという。

監督を引き受けた長野は、当時住んでいた淡路島から福知山へ、早々に生活拠点を移した。二〇〇九年四月の創部に向けて動き出したのだ。そのとき、すでに多くの中学三年生が進路を決めていた時期だった。創部までの時間がない。

当時、全国で五校あった女子硬式野球部へも創部をすることを伝えに、鹿児島、東京、埼玉に直接足を運び挨拶にまわった。日に日に迫る創部までの時間。

このままだと、部員を集めることができない。その焦りに苛まれていたある日。

長野の頑張りを見た角谷が、福知山成美高校女子硬式野球部の創部を告知する新聞広告を掲載してくれたのだ。

蒔いた種が実を結びはじめた瞬間

部員募集の新聞広告が掲載されてから数日後、長野のもとに高校一年の子を持つ保護者から連絡が入った。

「実は、娘は今、滋賀の高校一年生なのですが、どうしても野球がしたい、諦められないと言っていまして、私たち親も子どもが本当にやりたいことを応援してあげたくて……転学で入部することはできますか？」

この電話で長野が感じたことは、「関西に今までなかった女子硬式野球部が誕生することによって、一人の女の子の願いが叶うんだ。これまで多くの野球をやりたい関西の女の子たちは涙を流してきたはず。そして、なんとか野球をつづけた関西の女の子たちは、親元から遠く離れた鹿児島や関東まで行っていたんだ……」ということだった。

長野は、関西に女子硬式野球部が創部される意義をつよく感じ、より一層、邁進する決意を固めたという。

二〇〇九年四月、ついに関西初の女子硬式野球部が誕生。

創部元年は、転学の女の子を含む二名でスタートした。二名しか集まらなかったことを残念に思う者もいるなかで、長野にとっては、この二名は奇跡的に出会えたかけがえのない部員だった。

創部当初、全ての環境が用意されていたわけではなく、長野と二名の部員でグラウンドづくりなど、一つずつ手づくりで始めていった。その姿を見て手伝ってくれる地域住民の方も日に日に増え、教員のなかにも応援してくれる人が現れ始めた。

創部後、ゆっくりと歩き始めた女子硬式野球部。

長野は、二名の選手との練習以外の全ての時間を挨拶まわりに費やした。野球をする女の子たちの情報を聞いて

▲当時、部員募集を呼びかけるために出された新聞広告

▲創部初年度に入部してくれた
2名の女子野球部員

▲創部2年目、総勢24名の福知山成美高校女子硬式野球部新入部員

▲2014年、全国高等学校女子硬式野球選手権大会で福知山成美高校が初優勝したときの様子

は、中学生のみならず小学生の野球少女にも会いに行き、「野球をつづけてね」と声をかけた。また次年度の入部者募集のためのオープンキャンパスも継続しておこなった。

その努力が実を結ぶのは翌年の二〇一〇年。なんと二十四名もの新入部員が誕生したのだ。それは同時に、角谷が学園再生のために掲げた改革プランの一つが芽を出し、花が咲き始めた瞬間でもあった。

学園再生のために進めた苦渋の決断 

二〇一〇年、角谷は学園再生に向け山積した課題を乗り越えるため、財政状況の改善、施設環境の改修、フィンランド式教育を導入した小中一貫校の設立準備に休むことなく取り組みつづけていた。

そのなかで角谷の頭を悩ませたのが、理事長就任後に徐々にわかってきた多くの課題だった。

このままでは、財務状況の改善は到底かなわず、全教員の給与の見直しをせざるを得ない状況にまで迫られていた。

ただ、そのことを理事会で決議しようとするたびに却下された。

角谷も決して、日ごろ生徒に向き合い頑張ってくれている教員たちの給与を下げたいわけではない。ただ、現実問題として、このままだと成美学園が運営できなくなり、たくさんの生徒が路頭に迷いかねない状態になる。

財務状況の抜本的な改善には、苦渋の決断ではあるが給与改革が急務だった。

このころから、角谷は身の危険を感じることが多くなっていった。

ある週刊誌には、『角谷が学園を乗っ取り』などの見出しで記事にされ、ある大雨の日には学校の駐車場に停めていた車のワイパーが折られていたこともあった。ワイパーのない車を進めると前が見えないほどの大雨。体が震える寒い日に、朝になり雨がやむまで車中で過ごした。

改革を進めようとすればするほど、普段起こり得ないことを経験する日々がつづいた。

ただ、角谷が見ていた世界は、学園の再生を成し遂げることにあり、そのような出来事に怯むことは一切なかった。

突然の解任宣告 

二〇一〇年のある日、急遽、予定にはなかった臨時の理事会が開催されるとの連絡が、角谷のもとに届いた。理事会の議題を知らされることもなく、角谷は一人、自分で車を運転し学校に向かった。

到着後、理事会に出席している者たちに挨拶をするも、どこかよそよそしい。さほど気にすることなく席に着くと、すぐに理事会が開始された。

開始早々、読みあげられた議題に耳を疑った。

「角谷理事長の解任に関する決議！」

参加した多くの者が賛成の意思を表し席を立つ。

一瞬の出来事だった。

まさにクーデターのような解任劇に角谷は驚いた。

「えっ？　再生はまだ途中ですよ、いいんですか？」

それが、角谷がそのときに抱いた率直な気持ちだった。

なぜなら、角谷が理事長に就任以降、学園再生のために蒔いた種は、着実に芽が出始めていたからだ。

フィンランド式教育導入に向けた教育体制も順調に整い、そして、創部二年目の女子硬式野球部には二十四名もの新入部員が入部、成美学園全体でも過去に例を見ないほどの受験者数を記録するなど、確実に再生の道を歩み始めていたのだ。

理事会から退席する角谷は、その場にいた学校関係者に、最後このような言葉を言い残している。

「一枚岩になって学園再生してくださいね。母校の繁栄を心から願っています」

思いもよらない形で母校を去ることになったが、角谷には悔しさや寂しさは一切なかった。終わったことは記憶から消す。

そして前へ進む。

幼いころの経験から、角谷に身についたものだ。

両親が離婚し、父が家を出たあと、母も角谷少年の前から去っていった。

来る日も来る日も、玄関の前に座り、母の帰りを泣きながら待った。ただ、母は帰って来なかった。

母と過ごした日々の思い出、これら全てを記憶から消さないと、寂しさに押しつぶされ、角谷少年は生きていくことができなかったのだ。

そのような経験を持つ角谷にとって、突然の解任劇が彼の歩みを止めることにはなり得なかった。

車で帰路につく角谷の頭の中は、すでに前へ向いていた。

そう、女の子たちの甲子園の実現へ。

角谷の夢への挑戦は、より加速していったのであった。

第3章

決意

二〇〇七年の夏、角谷が初めて女子野球を見た日から、彼の見据える先には、女子高校球児が甲子園でプレーする姿、そして全国各地に数多くの女子硬式野球部が創部される時代が来る今があったのだろう。

当時、女子硬式野球の競技人口は約六百人、女子硬式野球部のある高校も全国でわずか五校(現在四十校以上)。

この時代から、「青春を野球に捧げる女子高校球児たちに、甲子園で試合をさせてあげたい」という角谷の想いに、一切の揺るぎはなかった。

そのためにまず取り組んだことが、女子野球の底辺を拡大することだった。

「十年で女子硬式野球部のある高校を五校から三十校に増やす。そして、全国大会の決勝戦の舞台を甲子園で実現する」という目標を立てたのだ。

一見、無謀に思える目標だが、角谷は自他共に認める「有言実行」の男。母校・福知山成美高校を運営する成美学園の理事長として学園再生に取り組んでいた彼は、まず同校に女子硬式野球部をつくり、同時に全国の高校にも女子硬式野球部の創部を訴えつづけた。

しかし、創部を呼びかける角谷への反応は、「何のために女子野球部をつくるのか」「女の子に硬式野球は危険だ」などの否定的な意見が多かった。関係各所に掛け合い、話を聞くにつれ、「これでは目標の実現に時間がかかりすぎる。こうしている間に、野球をやりたい女の子たちの夢が次々に途絶えてしまう」と感じるようになった。

「もっと抜本的に女子野球の裾野が広がり、甲子園で女の子がプレーできる時代をつくる方法はないか」

そう考えていた彼のもとに、関西に立ち上がる独立リーグから支援を求める打診があった。

それに対し、角谷は「女の子が野球をつづけられる環境の一つになれば」と考え、「女子だけのチームで、そのリーグに参入できませんか」と提案をした。

しかし、リーグ関係者からの回答は、女子野球チームの参入に同意を得られるものではなかった。

角谷は試行錯誤しながら女子野球の現状を打開するための新たな手段を考えた。

発想の転換

全国の高校へ女子硬式野球部の創部を訴えながら、母校の学園再生にも立ち向かい、そして会社経営をする多忙な日々。

「誰にでも唯一公平に与えられたものは時間。その時間をどう使うかが大事」といつも語る角谷は、まさに寝る間も惜しんで毎日の二十四時間を使いきり、全てのことに心血（しんけつ）を注いでいた。

そんなある日、仕事の視察先であるニュージーランドから帰国する飛行機が着陸したとき、彼にある画期的なアイデアが閃いた。

それこそが「女子プロ野球リーグをつくる」ことだった。

「まずは底辺を拡大する」というこれまでの考えから、「先に頂点のプロ野球リーグをつくる」というのだ。これこそが、経営者・角谷ならではの発想の転換だ。

一般的な感性だと、「競技人口が増えてからプロをつくる」という考えであるはずだ。しかし、「憧れとなる頂点のプロ野球リーグをつくるからこそ、競技人口も増え、全国の高校に女子硬式野球部も増えていく。そして女子高校球児の甲子園が実現する」と考えたのだ。

多くの者が到底思いつかない発想だからこそ、女子プロ野球リーグの創設については、この先、懐疑的な意見や反発をする者も少なくなかった。

「何のメリットもない女子のプロ野球リーグをなぜ立ち上げるのか」

「裏で何か思惑があるのではないか」

角谷の「女子高校球児たちに、甲子園で試合をさせてあげたい」という純粋な想いとは裏腹に、辛辣な言葉を浴びせる者さえいた。

しかし、前例のないことや新しいアイデアは多くの者から反発され、いくら説明しても理解してもらえないことは、彼自身が歩んできた人生のなかで何度も経験していた。

ましてや、長年、女子野球に染みついた諦めの気持ちが蔓延するなか、「女子野球の未来を変えよう！」と本気で行動する者に対して、反応が冷ややかなものであることは自ずと想定することができた。

しかし、そのようななかでも、同じ夢を追い、共に歩む者たちが現れ始めた。

白羽の矢「リーグを託した一人の男」 

女子プロ野球リーグの創設を決意した角谷は、二〇〇八年四月、日頃から信頼を寄せていたある男と高校女子硬式野球の春の大会を球場で観戦した。

その男こそが、のちに女子プロ野球リーグの代表理事を務めることになった片桐諭だった。

角谷は、会社経営に加え、全国各高校への女子硬式野球部の創部の呼びかけなどもあり、自らが女子プロ野球リーグ創設を先頭に立って指揮することは難しいと考えていた。そこで、白羽の矢を立てたのが、当時三十二歳の片桐だったのだ。

片桐は、その日初めて女子高校球児のプレーを目にした印象をこのように振り返る。

「女の子が野球をしている姿が想像もつかないなか、『一緒に見に行こう』と誘ってもらい、初めて見た女子野球のレベルの高さに驚きました。本当に上手でしたし、ひたむきに白球を追う姿に感動しました」

そう語る片桐は、一緒に観戦していた角谷の様子がいつもと違ったことも記憶に残っているという。

「角谷社長とは男子のプロ野球を一緒に観戦することがそれまでに何度もありました。しかし、その日の様子はいつもの雰囲気と違ったんです。試合を見ながらも、各高校の所属部員数を気にしたり、スタンドの観客数、そして球場の設備面などにも注目していました。そのときから、その先の構想を練っていたのだと思います。だからこそ、これは何か考えがお有りだなと感じとりました」

当時、片桐はわかさ生活を担当する広告代理店の営業マンだったが、角谷に対して仕事上のつきあいの域を超える尊敬の念を持っていた。

その角谷から、試合観戦後に訪れたレストランで、片桐は思いも寄らない『未来の女子野球構想』を聞くことになった。

力を貸してほしい 

車を走らせ京都市内まで戻り、会食しながら女子野球のことについて語る二人。
そのときの角谷の表情は、「まるで夢を語る子どものようにキラキラしていた」と片桐は振り返った。
そして、その場で発せられた角谷の熱い言葉に、片桐は衝撃が走ったという。
「女の子たちが夢を持つことのできる女子プロ野球リーグをつくりたい。力を貸してほしい」

当時の女子野球の状況からすると、あまりにも無謀に思える挑戦に、片桐は一瞬驚いたものの、なぜか「おもしろそうだな」と感じたという。

たしかに、これまでも角谷の野球に対する想いは、折に触れて目にしていた。しかし、女子野球、ましてや女子プロ野球リーグともなると話は別である。

女子プロ野球リーグを片桐に託した理由を角谷はのちにこのように語っている。

「自分の想いを理解し、一緒に動いてくれる人を考えたとき、片桐さんの顔だけが浮かんだ」

それに対して、片桐はこのときの心境をこう振り返る。

「角谷社長はいつも想像や期待を良い意味で大きく超えてくる方ですから、『そうきたか！』と思いました。それに、それまでのお付き合いで角谷社長を信頼していたので、『角谷社長がやると言ったら必ず実現する』と感じました。だから、驚きもありましたが一緒に夢を追いかけたいと思えたんです」

そして、片桐は「こんなにも早く大きな決断をされている以上、自分も早く返答しないといけない」と思ったという。

そこで、すぐに当時勤めていた会社の上司である関利彦に相談をした。

オフィスの一角にある静かな会議室で向かい合う二人。

端を発して、片桐は「女子プロ野球リーグの理事長になってくれないか」と頼まれたことを関に告げた。

その言葉に関は驚いたが、片桐を見ながらゆっくりと次の言葉を返した。

「君はやりたいのか？」

この言葉に、片桐は「挑戦したいです」と意志を伝えた。

このときに交わされた会話に抱いた心境を、関は鮮明に覚えているという。

「聞いたときは、それはもう驚きました。しかし同時に、それは片桐にしかできないなと納得もしたんです。私としてはすぐにトップ会談しかないと思いました。そんななか、角谷社長にこちらの会社の社長と片桐と私の四人で食事をする場を設けていただきました。そこで『ぜひ片桐さんに力を貸してもらいたいんです』と正式なお願いがあり、会社として快諾をしたことを覚えています。まさに、娘をお嫁に出す親の心境でした」

優秀な社員を失う立場になる会社や上司の関が、なぜここまで片桐を快く送り出せたのだろうか。そのことについて、関はこのように語った。

「角谷社長の女子野球に対する熱意や描いている世界に、我々も同じ夢を見たというのがいちばんですね。角谷社長は取引先である我々に対しても、いつも単なるビジネスパートナーとしてではなく、もっと深い部分を見て一人ひとりと接してくださる方です。だからこそ、片桐を必要としてくれていることが素直に嬉しかったんです」

このように当時の心境を語った関は、さらに興味深い話を聞かせてくれた。

それは、角谷が今まで随所で見せてきた卓越した能力に、驚かされてきたということだった。

「角谷社長のマーケティングや先見の明は、我々広告代理店の立場からも、当時から驚きと惚れ惚れする発想の連続です。多くの方がご存じのブルブルくん、そのマスコットキャラクターを使ったコマーシャルは、今となっては大変評判が良く全国に知れ渡っています。しかし当時、あのユニークなCMをこちらが提案した際、その会議に入っていた方々は一人を除いて全員が猛反対したんです。ブルブルくんの動きや表情が『こわい、気持ち悪い』と言ってね。ただ、唯一賛成したのが角谷社長でした。多くの方はどうしても前例に沿ったデザインやアイデアになりがちですが、角谷社長だけは違うんです。新しい時代や世界を築ける人っていうのは、他とは異なる感性や発想、そしてそれを突き進める信念を持っているんだなと思いましたね。だからこそ、女子プロ野球リーグをつくると仰った信念に、我々は同じ夢を見たんです。これは必ず実現させなくてはいけないと強く思いましたね」

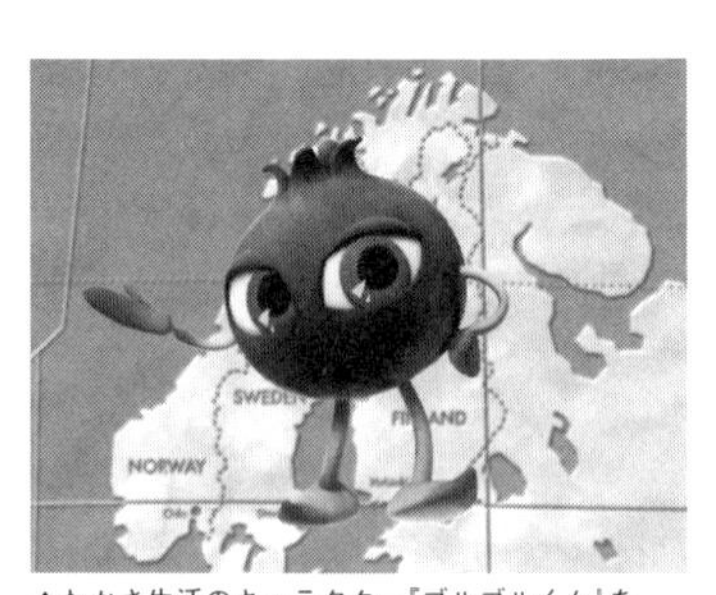

▲わかさ生活のキャラクター『ブルブルくん』を起用したテレビCM(当時)

野球界への功績

それにしても片桐は、なぜこれほどまでに角谷という男に魅せられ、自らの人生を捧げようとしたのだろうか。

その真意は、彼の次の言葉に垣間見えた。

「多くの方がいまだに、角谷社長の考えを理解できていないと思うんです」

このように語った片桐は、この言葉に込めた意味を教えてくれた。

「たしかに女子高校野球の甲子園の実現は大きな夢であり、女子プロ野球リーグはそのために創設されたものです。しかし、角谷社長はもっと先の未来、そして、より広い野球界全体の課題を見据えておられました。当時から男子野球の競技人口は年々減りつづけていました。しかし、女の子が野球をする時代が来ることで、その女の子がお母さんになったころには、そのお母さんが子どもとキャッチボールをする時代が必ず来ます。そうすれば、野球に興味を持つ子どもたちが増え、野球界全体の競技人口や野球ファンが増えていく。二十年も三十年も先をそのときから考えていたんです。女子プロ野球リーグが誕生したときに赤ちゃんだった女の子が、今、中学で野球をやっているケースも多くあります。角谷社長には見えていた時代が今動き出したんです。角谷社長の野球界への功績が芽を出し始めるのはここからだと思います」

今でこそ、この言葉から角谷がつくり、そして守りつづけた女子プロ野球リーグが野球界全体にもたらしている功績を知ることができる。

しかし当時は、幾度となく、心ない者や古い慣習にしがみつく者たちから、批判や反発を受けることもあった。

「一企業が女子の甲子園を勝手に叫んでいる」

「ある会社の社長は、女子野球を使って商売をしようと企んでいる」

そんな言葉を浴びせられ、過去には身に覚えのないことを書かれた文書が出される事態もあった。

しかし、角谷はそのようなことに振り回されることなく、常に野球界の未来、そして女子野球の次代だけを見据えて突き進んだのだ。

その想いを片桐が受け止め、女子プロ野球リーグの創設に向け歩み出したのは、世の中に女子プロ野球リーグの誕生を公表する一年ほど前のことだった。

始動

リーグ創設まで日がないなか、片桐はわかさ生活のスポーツ事業部に所属する岩崎恭子とともに女子プロ野球リーグ準備室を立ち上げた。

片桐にとって岩崎は心強いパートナーであったが、なにせ当時の岩崎は新卒二年目。

「私も力にならないといけないと強く思っていましたが、ついていくことだけで精一杯でした」と、岩崎は当時のことを振り返っている。

片桐はそんな岩崎と協力しながら、北は北海道から南は鹿児島まで、全国津々浦々の約二十もの関係各所へ二週間かけて挨拶してまわった。

当時の慌ただしい日々を、片桐は次のように思い出す。

「本当に時間がなかったです。ただ、直接足を運び、自分の言葉で女子プロ野球リーグを創設する想いや経緯を説明することで、理解を得て一緒に協力してもらえると思ったんです」

しかし、その期待に反し、挨拶先の反応のなかには予想外に冷たいものもあった。

「女子プロ野球？　まずは競技人口を増やすことが先決でしょ」

「一企業の社長がなぜ、ビジネスにもならない女子野球を応援するんだ」

ただ、数少ない女子硬式野球部の指導者のなかには、生徒の進学や将来を真剣に考え、リーグ創設を歓迎する言葉をかけてくれる者もいた。

「野球をつづけたい女の子にとって目標となるリーグが誕生するんですね」

「ぜひ協力しますよ。頑張りましょう！」

このような言葉が、全国を駆け回る二人の心を温めた。

レジェンド選手との出会い

全国各地へ挨拶まわりをする日々、そしてリーグ創設の発表会見やその後の開幕に向けた準備に追われる片桐だったが、当時どうしても会っておきたい人物がいた。

その人物とは、終戦直後に約二年間だけ活動していた女子プロ野球の選手第一号の高坂峰子（こうさかみねこ）だった。

女子プロ野球リーグを立ち上げるにあたり、かつての女子プロ野球の話を聞くために、大阪の難波で喫茶店を営む高坂のもとを訪れた。

高坂は当時七十五歳だったが、昔の仲間と草野球をするなど変わらず野球を愛し輝いていた。

「女子プロ野球リーグをつくります」と告げられたときの心境を、高坂はこのように語ってくれた。

「初めて聞いたとき、本当に嬉しかったですね。私がプレーしていたときから約六十年が経つころに、熱意ある青年が訪ねてきてく

▲終戦直後に活動していた女子プロ野球・選手第１号高坂峰子さんの当時の写真

れて『女子プロ野球リーグをつくりたい』と真っすぐな目で言うんですから。そのときに片桐さんが、野球をする女の子たちに対する角谷さんの想いも伝えてくれてね。本当に感動しましたよ。陽の目を見ていない女子野球選手を見つけて応援してくれる。そんなことできる人はいないですからね。できることなら、『私ももう一度挑戦したい』って（笑）。心がすごく高ぶった瞬間でしたよ」

高坂は自身がプレーをしていたころの写真を懐かしそうに眺めながら、ゆっくりと語り始めてくれた。

「私のころの女子プロ野球は、たった二年で自然消滅していきました。お給料も最初から出ない環境でしたが、やはり運営していくのが相当難しかったのでしょうね。でも、今度立ち上がる女子プロ野球は、室内練習場つきの寮まで完備されるなど立派な環境を整えると聞きました。さらにお給料も保証すると聞いたときは、本当に夢の

▲懐かしそうに当時を振り返る高坂峰子さん

ような世界だと思いましたよ。これからの選手たちは恵まれているなと感じましたね」

その日、高坂は別れ際に、角谷へのメッセージを片桐に預けたという。

「女子プロ野球リーグの誕生を心より感謝しています。できるだけ長く続けてください。十年続けることができたら時代は変わると思います。応援しています」

それは、高坂の想いが詰まったメッセージだった。そして、角谷はその想いを、のちに果たすことになる。

女子プロ野球リーグは十年以上もの歳月をかけ、女子野球の礎を築き、次代につながる橋をかけることになったのである。

元祖甲子園のアイドル

女子プロ野球リーグの創設にあたり、角谷は女子野球を応援してもらうためには、

野球界に精通した心強い理解者が必要であると考えていた。

その理解者として声を掛けたのが太田幸司だった。

太田は言わずと知れた、一九六九年夏の甲子園大会の決勝で「延長十八回再試合」という語り継がれる名勝負を繰り広げ、その端正な顔立ちから『元祖甲子園のアイドル』と呼ばれた伝説の投手である。

話を聞いた太田は、「私にできることがあればぜひ協力したい」とすぐに前向きな返事をくれた。

当時の心境を太田は次のように振り返る。

「声を掛けてもらったときは、女子野球を見たことも聞いたこともない状態でした。ただ、その後、愛媛で開催されていた女子硬式野球の大会を視察したときに、『野球の原点』を思い出したんです。女の子が野球を楽しむ姿や必死なプレーを見て、自分自身が野球を始めたころがそうだったなと。だからこそ、角谷社長が女子野球を応援する気持ちはすぐに理解できました。そして、何より熱意に心が動かされたんです。『まず頂点のプロをつくるからこそ女子野球の裾野が広がり、女の子が甲子園でプレーする日が来る』という発想にも共感しました。当時から、単に女子プロ野球リーグを発展させることが目的ではなかった。その考えが本当にすごいと感じたんです。だからこそ、一緒に女子野球の世界を変えたいという気持ちでスーパーバイザーを引き受けました」

こうして角谷の想いに賛同する者たちが少しずつ増え、女子プロ野球リーグ創設の発表会見が一週間後に迫るなか、二〇〇九年八月十七日、『日本女子プロ野球機構』が正式に設立された。

突如、襲った病魔 

二〇〇九年八月十九日。

日本女子プロ野球リーグの創設発表の会見まで、わずか五日となった日。

片桐は異変を感じていた。

角谷に何度連絡を入れても返答がない。

いつも多忙な日々を過ごすなかでも、角谷はすぐに折り返しの連絡を入れ、報告や相談をこまめに聞いてくれていた。

しかし、いくら経っても応答はなかった。

会見までに残された時間はわずか。

実はその日、角谷は脳腫瘍の後遺症によるてんかん発作に突然襲われ、病院へ緊急搬送されていたのだ。

ようやく目を覚ましたのは、八月二十二日。

会見までわずか二日に迫る日だった。

角谷は意識混濁、記憶障害がつづくなか、かすかな意識を頼りに一通のメールを片桐に送っている。

――リーグ創設会見は任せた――

そのときの角谷には、同じ志をもってくれた片桐、そして太田を信じ任せることしかできなかったのだ。

二〇〇九年八月二十四日。
日本女子プロ野球リーグ創設会見の壇上には、角谷から一通のメールで想いを託された二人の男の姿があった。

日本女子プロ野球リーグ創設会見 

大阪市内のホテルに準備された会場は、五十名を超える記者と数多くのテレビカメラで埋め尽くされ、瞬(また)く間に満席状態になった。
注目が集まるなか催(もよお)された「女子プロ野球リーグ創設に関する記者発表会」。
登壇した片桐と太田に向けられたカメラのおびただしいフラッシュの光。
「今までにない経験だった」とのちに語る片桐は、大粒の汗をかき緊張しながらも、しっかり前を向きリーグ創設を宣言した。

「野球が大好きな女の子たちが硬式野球に専念できる環境を整え、将来に希望が持てる女子プロ野球リーグを創設します。それにより女子野球の裾野拡大、普及、発展を目指します」

つづけて、スーパーバイザーの太田からも抱負が語られた。

「競技人口は少ないが、彼女たちは密度の濃い六百名なんです。だからこそ我々は、野球を志す女性の頂点、つまり女子プロ野球リーグをつくりたい。それが未来の女子野球、そして野球界全体の光になるはずです」

▲女子プロ野球リーグ創設の記者発表会見当日の様子

気持ちを込めた二人の言葉に対して、記者たちの間には「本当に大丈夫なのか?」といった空気が流れていた。

その雰囲気のまま進められた会見での質疑応答。二人に投げかけられた記者の質問には、「どうやって運営していくのか、つづけられるのか」「まずは二チームでスタート予定だと言うが、それがリーグといえるのか」といった批判的なものもあった。

片桐はこのような質問に対して、「本来、応援されるべきことを、なぜこんなにもネガティブな人たちに時間ばかりとられるんだろう」という苛立ちを抱えながらも、ただひたすら謙虚に答えた。

そんななか、太田は会見の最後に、詰めかけた記者たちにこう語りかけた。

「まず女子野球を見てほしい。私もこの夏に初めて女子野球を見て、昔の自分を思い出しました。彼女たちはひたむきに野球と向き合っています。本当に野球が好きです。その子たちの夢を叶えたいんです。まずは一度、女子野球をみなさんご自身の目で見てください！」

球界に長年身を置いてきた太田の説得力のある言葉に、それまでの会場の雰囲気が一変した。複数の記者から拍手が沸き起こり、リーグ創設の発表会見は締めくくられた。

会見を終え壇上から降りようとした片桐は、緊張から解き放たれた安堵感で「膝から崩れ落ちるような感じだった」という。

そして控え室に戻った片桐が、真っ先に電話をかけたのが入院中の角谷だった。

「とにかく声を聴きたいという一心で電話しました。真っ先に伝えたかったんです。『無事に終わりました』って。ただ、そのときも意識が完全には戻っていなかったのだと思います。『そうか……そうか……』とだけ応えてくれました」

▲太田幸司スーパーバイザー（左）／片桐諭代表理事（右）

後日、片桐と岩崎は、家族以外で唯一面会が許され、会見の様子を撮影した映像を角谷の病室へ届けた。

闘病が続いていたため多くの会話を交わすことはできなかったが、病床で横たわりながら映像を見る角谷の目の奥の光に、片桐はさらに前に進む決意を固めた。

――これから新しい夢が始まる――

共に前へ歩む者たちは、同じ想いを噛みしめていた。

野球が大好きなシンデレラ

会見終了後、息つく暇もなく、練習場探し、ユニフォームの選定、開幕年度の球場調整、指導者の人選、そして関係各所への挨拶や打ち合わせ……、時間がいくらあっても足りない日々がつづいていた。

そんななか、二〇〇九年十月二日、日本女子プロ野球リーグは第一回トライアウトの情報を公表した。

トライアウトへの挑戦を呼びかけるポスターに刻まれたキャッチフレーズ。

——野球が大好きなシンデレラを探しています ——

これこそが、角谷と片桐が野球を愛する全国の女の子たちへ贈ったメッセージだった。

恵まれない環境のなかで白球を追いかける野球少女たち……。

トライアウトはまさに、女子野球の次代の扉を共に開くシンデレラたちとの出会い。

翌年に控えた女子プロ野球リーグの歴史的開幕に向け、角谷たちはさらに前へ、前へと歩みを進めていく。

「青春を野球に捧げる女子高校球児たちに、甲子園で試合をさせてあげたい」

純粋で熱い、この想いを胸に抱きながら。

▲第1回トライアウト開催を知らせる当時のポスター

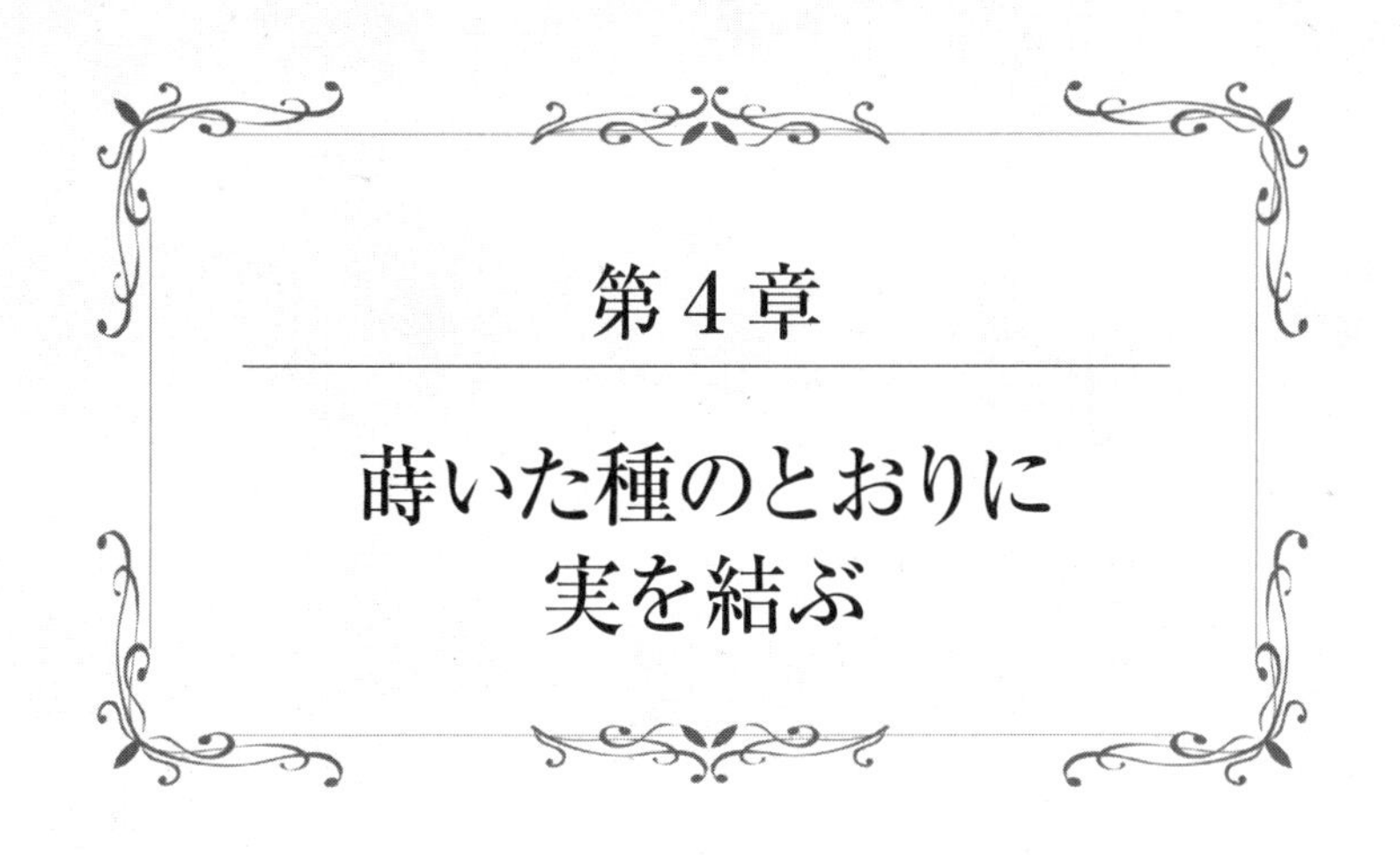

第4章

蒔いた種のとおりに実を結ぶ

たった一つの受験資格

女子プロ野球リーグ創設の記者会見を終え、ひと息つく間もなく、二〇〇九年十月二日、第一回トライアウトの詳細が発表された。

実施される球場は、「全国からできるだけ負担なく参加できるように」と角谷が提案し、関西と関東の二回に分けて開催された。

受験資格はたった一つ、「満十八歳以上の女性であること」

野球経験に関する条件は一切ない。つまり、「本当は野球がやりたかった」女の子たちにも挑戦ができるようにする、角谷ならではの思いやりだった。

実際、このたった一つだけの受験資格によって、多くの女の子に夢の扉を開けるチャンスが訪れることは、このとき誰も知る由もなかった。

エントリー受付がはじまってから数日が経過した。

しかし、思うように応募書類は届かなかった。

そのときの心境を、当時の代表理事・片桐諭はこう語っている。

「正直この先、応募が来るのかどうかまったくわからず不安でした。試合を開催する球場の確保や関係各所への挨拶まわりなど、営業先から事務所へ戻るたびに郵便ポストを確認するような日々。そんななか応募の締切日が近づくにつれ、一通そして一通と徐々に届き始めたんです。書類を手にするたびに、『どんな想いで書いてくれたんだろう』と考えるだけで心が引き締まり、そして感慨深い気持ちになりました」

届きはじめた応募者の情報は角谷にも伝えられた。

たった一つの受験資格。

この想いが、全国の女の子に届いたのだ。

野球をするために生まれてきた女の子

応募書類のなかには、すでに他の競技へ転向していた者や、野球未経験者、そして四十歳を超える女性などから届いたものもあった。もちろん、どれも冷やかしではなく、書類に記載された志望理由は、野球に対する熱い想いが溢れたものばかりだった。

「一度、あきらめかけた夢。挑戦したいです」

「本当は野球がしたいんです」

当時は、女の子が野球をすること自体が珍しく、周りからの理解を得られる時代ではなかった。多くの女の子が野球をあきらめざるを得ない苦境に立たされていたといっても過言ではない。

そんななか、女の子に希望を照らす光となった女子プロ野球リーグの創設、そして、「野球が大好きなシンデレラを探しています」というメッセージ。

当然、まだ海のものとも山のものともつかない女子プロ野球に不安も多かっただろう。

しかしこの後、数多くの応募が全国から集まったのだ。

のちに女子プロ野球リーグで十年連続打率三割以上を記録し、華麗なグラブさばきで球場を沸かせたトッププレイヤーの厚ヶ瀬美姫もその一人だ。

厚ヶ瀬は当時、高校を卒業し専門学校に通っていたものの、目標をもてない日々を送っていた。高校三年時に女子ワールドカップの日本代表に選出され世界一にはなったが、世界の女子野球のレベルの低さに喪失感を覚えていたという。

「世界一といっても、正直アメリカですらこのレベルなのか……と。もっと高いレベルで野球がしたい。でもそんなレベルはもうどこにもない。だから野球から遠のいた生活を送っていました。そんなときに女子プロ野球リーグができるって聞いて、沸々と情熱がよみがえったんです。『もう一度、野球がしたい』って。親にも言わずに、すぐに専門学校も辞めました。高いレベルで野球ができることへの喜びが止められなくなっていたんです」

そんな厚ヶ瀬が書いた応募書類の志望理由欄にはこのように記されていた。

「私は野球をするために生まれてきた女の子です」

この一文は、当時の野球少女たちの心の声をもっとも素直に表現したものではないだろうか。

「野球がしたくて仕方がない。でも、環境もない、希望もない」

そんな葛藤を抱きながら、自分の感情に蓋をし、違う道を選択することを余儀なくされていた女の子たち。


現在、岐阜第一高校女子硬式野球部で監督を務める小久保志乃（こくぼしの）もその一人だ。

当時、小久保は大学四年生。「もうこの先、野球をつづける環境がない。就職活動をするにも何をしたいのか悩んでいるところだった」という。

そんななか、運命に手繰り寄せられるかのように、タイミングよく女子プロ野球リーグができることを知った。

「初めて聞いたとき、まったく違う世界の話のことのように感じました。女子野球のような狭い世界でプロができるなんて信じられなくて。でも、『これは運命に間違いない』と、応募することを決めたんです。私にとって、人生を大きく変えるターニングポイントでした」

彼女のように、女子プロ野球リーグが誕生したことで人生が大きく変わった野球少女は多い。

そのなかでも、特に小久保は、女子プロ野球リーグの創設者である角谷によって、大きく人生が拓けた一人といっても過言ではない。

女子野球の普及と発展を掲げ、全国各地の高校へ女子野球部の創部を訴えつづけていた角谷は、小久保が六年間のプロ生活に終止符をうち引退を決意した際、岐阜第一高校女子硬式野球部の監督への道を後押ししてくれた恩人だ。

岐阜第一高校に女子硬式野球部をつくる話を学校側と進めていた角谷から、「引退するなら、今まで培ってきた経験を活かしてはどうか。しっかり教員としても迎え入れてもらえるようにお願いしてみるから」と温かい言葉をかけてもらったという。だからこそ、彼女は今でも大好きな野球を仕事にできており、「感謝してもしきれない」

と語っている。

第一回トライアウト

エントリー募集の開始当初の不安を払拭するかのように、最終的に全国から寄せられた応募は、予想をはるかに超える百三十九名。

トライアウトは、二〇〇九年十月三十日に関西で、十一月四日に関東で開催された。

トライアウト当日、受付開始時間に合わせて続々と集まってくる受験者たち。太田幸司スーパーバイザーをはじめ女子プロ野球の審査側も、そして、取材に駆けつけた報道陣も全員にとって初の体験。球場は独特の雰囲気に包まれていた。

しかし、そんななか受験者である女の子たちだけは、合否がかかる重要な場であるにも関わらずニコニコしている。おそらく「野球ができるだけで幸せ」だったのだろう。まるで同じチームであったかのように、他の受験者たちと声をかけあいながら笑顔でプレーしていた。

スーパーバイザーの太田は、その光景に驚き、今でも当時の記憶が鮮明に残っているという。

「トライアウトに臨む選手たちの顔は一生忘れられないです。こんなにも野球に飢えていたんだ、こんなに野球が好きなんだ、と感じました。我々男は、どこか野球に対して、難しく考え過ぎているんでしょうね。あの子たちが教えてくれたんです。野球は楽しくやらないと、ってね。その日に初めて女子野球を観たメディアの方々からも、帰るときには『女子野球っていいですね』という声が上がったくらいですから。それを聞いたときは、そりゃあ嬉しかったですよ。女子野球の魅力が伝わったんですから」

▲トライアウトで声をかけあいながらプレーする選手たち

関東でおこなわれたトライアウトに参加し、その後、選手生活を経て球団指導者になった新原千恵（にいはらちえ）も、トライアウトの様子を懐かしそうに振り返ってくれた。

「とにかく野球ができるだけで幸せを感じられたんです。みんな野球がしたくて集まったので、楽しくて仕方がなかったことをよく覚えていますね」

一方、合否を決定する審査側は、彼女たちの将来を左右する責任の重さを、トライアウトが進むにつれ実感していた。

三十名の合格者

トライアウトが関東で開催された翌日、代表理事の片桐に加え、スーパーバイザーの太田、そして各球団の指導者四名らが早々に会議室に集まった。

今後のスケジュールを考えると、三十名の合格者を決めておかなければならなかったのだ。

しかし、難航する合否決定。審査員それぞれの意見の衝突も時折ありながら、会議は長時間に及んだ。

片桐は選考が煮詰まるなか、角谷のある言葉を思い出した。

実は、角谷は関西・関東どちらのトライアウトにも仕事の合間を縫って駆けつけていた。とはいえ彼は、片桐に全幅の信頼を寄せており、リーグ運営は彼に任せている。だからこそ、選手選考には一切口を挟まなかった。

ただ角谷には、片桐に一言だけ伝えていた言葉があった。

それは、「野球の上手さだけでなく、将来女子野球を支えていける人間性も見てあげてほしい」というものだった。

この言葉を思い出した片桐は選考基準をぶらすことなく審査員を導き、全員一致で三十名の合格選手が決定した。

▲トライアウトの合否選考会議をおこなう片桐諭（写真中央）・指導者たち

「もう後には戻れない」

三十名のリストを眺めながら、片桐、太田、そして指導者たちは改めて気を引き締めた。

セカンドキャリア支援

合格者への連絡は片桐が一人で務めた。「手伝いますよ」とスタッフも声を掛けたが、片桐はどうしても自分の言葉で直接「おめでとう。一緒に頑張っていきましょう」と伝えたかったそうだ。

電話の向こうで、感極まって泣き出す子もいれば、家族や友人が周囲で大喜びする声が聞こえてきたこともあった。

全員に電話をかけ終わったのは深夜。心地よい疲労感が片桐を包んだ。

束の間の休息もないまま、合格者への入団説明会が実施された。

合格者のなかには未成年者も多かったため、「保護者にも安心してもらいたい」と思い、片桐は説明会をおこなうことを決めたのだ。

冒頭の挨拶で、片桐は「これから女子プロ野球を成功させるために、皆さんとのコミュケーションを大切にしたい。どうぞ、今日の説明を聞いて、納得してから入団してください」と話した。その後、リーグ理念の説明や今後の構想、そして具体的な契約内容まで質疑応答を交えながら丁寧に説明がおこなわれた。

選手から「野球ができるだけでなくてお金までもらえるなんて」と声があがった報酬、遠征費の全額負担や寮の完備、管理栄養士の指導のもとでの食事提供など、安心できる環境や条件が整えられていた。

保護者から特に喜びと驚きの声があがったのが、セカンドキャリアへの支援だ。それは、プロとして野球をしながら、引退後のために「柔道整復師」の資格取得を目指し、専門学校に通うというものだった。それもなんと費用を全額支援してくれるというのだ。

これらすべての支援は、角谷が選手のことを思っておこなったものだった。

たしかに、「プロである以上、野球に専念させるべきではないか」という考えもあるだろう。しかし、女子プロ野球はセカンドキャリア支援を重要な柱の一つと考えていた。その裏にあったのは、病気で野球の道を断念せざるを得なかった角谷自身の経験と、プロの道は厳しく、そしてその先の人生で生きていく力をつけてほしい、という彼の愛情だったのだ。


角谷は以前、セカンドキャリアの支援についてこのように語っている。

「甲子園に出場した、プロ野球選手だった、たしかにそれは素晴らしいことです。でも、それが人生の頂点になってしまう人を多く見てきました。それではあまりにも選手が不憫(ふびん)です。野球をやめた後の人生のほうがずっと長いのですから。一緒に歩んでくれる選手たちには、現役生活後の人生も含めて幸せになってほしい。次の人生も輝いてほしいのです」

彼はただ選手たちに野球ができる環境を与えるだけでなく、プロとして自分の健康を管理し、野球をやめた後も、周りの人々にその知識や経験を還元できる人になってほしい、そう願ったのである。

実際に柔道整復師の勉強をすることによって、選手自身の健康管理にも役立つうえに、基礎的な医学の勉強もおこなうため、体や筋肉の構造などの知識を習得することもできる。トレーナー任せの選手ではなく、自己管理ができるようにもなるだろう。そして何より、柔道整復師の資格を持っていれば、引退後、開業して生計を立てることもでき、指導者の道を目指すときには生徒たちの身体を守ってあげられる貴重な存在になれる。

すべて角谷は、選手一人ひとりのために、そして未来の女子野球界のために、将来を見据えた行動をしていたのだ。

ただ、専門学校に一人通わせるだけでも、総額数百万円以上の費用がかかる。

それには、角谷が経営する会社の社員からも「やりすぎでは？　あまりにも恵まれすぎている」などの反対の声があがったが、角谷は「選手たちが引退後も不安なく、野球に専念できるようにしてあげたい」と周りを説得したのだった。

人生は蒔いた種のとおりに実を結ぶ

恵まれた野球環境、そして引退後の選手を気遣い支援した資格取得制度。これらに対し、当時の選手たちはどのように思っていたのだろうか。

厚ヶ瀬は当時の心境を素直に教えてくれた。

「専門学校へ行くのも送迎バスをつけてもらったり、練習場つきの寮や食事提供など本当に恵まれた環境のなかで野球ができていました。本当に感謝しかないです。セカンドキャリアの支援も考えられないほどのサポートだとはわかっていたんですけどね。ただ、やっぱり野球だけがしたいという幼稚な考えがあったことも事実です。でも、当時の選手たちと話をすると、『あのとき、もっとちゃんと勉強していればよかったね』と言うんですよ。私たちのことを考えて支援してくれていた想いに

▲管理栄養士の指導のもと食事提供されていた食堂

応えられた選手が少なかったのは、本当に申し訳なく思っています。今になって、より一層そのように思いますね」

厚ヶ瀬に代表されるように、当時の選手たちにとっては、まさに「親のありがたみを理解することができなかった」というのが正直なところだろう。

ただ、角谷が彼女たちに与えた知識や経験はまったく意味がなかったわけではないようだ。

岐阜第一高校で監督を務める小久保は、専門学校で学んだ体の構造や栄養の知識を使って、生徒の技術を向上させる指導ができることもあるという。また、新原は女子プロ野球の監督時代、自身が学んだテーピング方法を何度も選手のケアに活かすことができたそうだ。

そして、トッププレイヤーとして長く活躍をつづけた厚ヶ瀬もこう語っている。

「学校で学ばせていただいたことが選手時代の健康管理に何度も役立ちました。それがなかったら十年以上も現役をつづけることはできなかったんじゃないかな。あのとき角谷社長が『野球だけさせなさい』とリーグ関係者に言っていたら、おそらく今、全国各地で当時の選手たちが指導者になっていることはなかったと思います。こうした角谷社長が一つひとつ蒔いた種が今、少しずつ芽が出始めているんだと思います」

「人生は蒔いた種のとおりに実を結ぶ」

これは角谷が多くの者に「大切な考え方」を伝える際に使う言葉のひとつである。

彼はまさに、当時から女子野球の未来につながる種を蒔きつづけてきたのだ。

運命のドラフト会議

二〇〇九年十二月二十一日。選手三十名のドラフト会議が大阪のホテルで開催された。

選手は前日、大阪府下の寮を下見し、当日は体力チェックなどを受け、ドラフト会議に備えていた。

会場へ向かう車内で、選手たちの話題は『京都アストドリームス』と『兵庫スイングスマイリーズ』(創設時二球団)のどちらのチームを希望するかだった。

選手の多くが、青色のユニフォーム『兵庫スイングスマイリーズ』を希望するなか、ある一人の選手が京都アストドリームスでの活躍を胸に誓っていた。

その選手こそが、京都生まれ京都育ち、のちにリーグを代表する選手となった小西(こにし)美加(みか)だった。

彼女は入団当時二十六歳、すでに女子野球界では知名度も実力もトップクラス。ドラフトの注目選手だった。

京都の地元メディアも、彼女が京都アストドリームスに所属が決まり、京都初・女子プロ野球選手誕生の瞬間をカメラに収めようと会場に駆けつけていた。

ドラフトの方式は、二球団それぞれの指導者が投手・捕手・内野・外野部門それぞれで獲得したい選手を順に指名し、指名が重複した場合はその選手が自ら抽選箱のボールを引くというものだった。つまり、選手は自分の未来を自ら掴み取るというわけだ。

投手部門一巡目の指名は、両球団ともに前評判どおり小西だった。

抽選箱の前に、緊張と期待をにじませた表情で立つ小西。

全員の注目が壇上の小西へ集まるなか、彼女の頭にふと、あることがよぎったという。

「リーグ関係者も私が京都アストドリームスであってほしいと考えているはず。たしかに抽選は演出的には面白いけど、京都の紫色のボールが二球とも入っているんだろうな」

詰めかけたカメラマンが、「京都」と記されたボールを握りしめる小西を撮影するシャッターチャンスをうかがうなか、彼女が抽選箱の中から握りしめたボールを高々と上げた瞬間、会場に「おー！」と、どよめきがおこった。

小西が確信をもって自ら掴みとった未来を決める一球は……。

「ブルー!!　兵庫スイングスマイリーズ！」、まさかの兵庫だったのだ！

このときの心境を小西はこう語った。

「仕掛けなしなの～!?　って感じでしたよ（笑）。これから挑むプロの世界は相当厳しいなと（笑）」

こうして、時折大きな歓声があがった記念すべきドラフト会議は、三十名の初代シンデレラたちの「本当に女子プロ野球選手になったんだ」という喜びの笑顔に会場が包まれるなか華やかに終了した。

▲2009年12月21日、大阪のホテルで開催されたドラフト会議

▲ドラフト注目の小西美加が自ら引いたボールは兵庫スイングスマイリーズだった

▲ドラフト会議終了後、笑顔で撮影に応じるシンデレラたち

難航する球場確保 

ドラフト会議を終えても、四月の開幕までにやるべきことが山積していた二〇一〇年一月。

選手の入寮も始まり、合同トレーニングが開始されるなど開幕に向けてのチームづくりが着々と進んでいた。

しかし、片桐を始め運営スタッフの頭を最も悩ませていたのが球場の確保だった。それもそのはず、球場利用の日程調整はすでに高校・大学・社会人など、各団体を交えた調整会議が年が明ける前からおこなわれており、そのころにはほぼ決定していた。

そんな状況のなか、新しく創設した女子プロ野球リーグが年間を通じて利用できる日を押さえる余地はなかったのだ。

しかも、女子プロ野球リーグの開幕を予定していた四月は、野球シーズン真っ只中。

暗礁に乗り上げかけたそのとき、窮地を救ったのは、やはり角谷だった。

前述のとおり、角谷はリーグ運営について代表理事の片桐に任せ、口を挟むことはなかった。しかし、多忙な本業に励みながらも女子野球界の未来を願い行動をつづけていた。

そのひとつこそが、京都市内にある『西京極球場』のネーミングライツだったのだ。

ネーミングライツに隠された真実

現在、『わかさスタジアム京都』という名で、地元市民のみならず全国の女子野球選手たちにも知れ渡っている球場がある。

ある日、角谷は京都市から「西京極球場の名称の権利を五年間お願いできないか」と依頼を受けた。それに対し、彼は、「十年間協力します」と、なんと提示より五年も多く契約をすることを約束した。

年間約二五〇〇万円の契約を十年に延ばすことを即決したのだ。

このことは当時、新聞などで取り上げられるほど大きなニュースにもなった。ただ、これに関しても「お金で企業の売名をしている」と角谷に言う者さえいたそうだ。

しかし、この心無い言葉を浴びせた者たちには伝えておくべき真実があった。

角谷は再三にわたり、「球場に企業名を入れることは望みません」と言いつづけたが、市からの希望をやむなく受け入れた事実が浮かび上がってきたのだ。

また、彼がネーミングライツの契約をするにあたり、市に望んだことはたった一つ。それは、「お金は球場のために使ってほしい」。ただそれだけだった。

当時の西京極球場は、長年の使用による劣化で、グラウンドの土や芝は荒れ、トイレなどあらゆる設備面が古くなっていた。

その状況を知っていた角谷は、このようにお願いしたという。

「女性が子どもを連れて野球を楽しめる球場にしてほしい。だからこそ、座り心地のよい観客席や綺麗なトイレにするための改修工事、そして、選手のためにグラウンドの土や芝を整備してあげてほしい。それらにかかる費用に充てててもらえるならネーミングライツの契約を喜んで引き受けます」

こうして、西京極球場は今の『わかさスタジアム京都』に生まれ変わったのである。

数人掛けの冷たいベンチが並んでいた観客席には、ゆっくり観戦できる一人掛けの座席が多く並んでいる。トイレも改修され女性や子どもに優しい球場へと変貌を遂げた。さらに驚くことに、グラウンドの土が、あの高校球児の聖地と同じ土に入れ替えられたのだ。

ネーミングライツの背景に隠された、この真実を知る者は多くないだろう。

「売名行為だ」と心無い言葉を浴びせた者たちは、この想いをどのように受け止めるのだろうか。

角谷がこれまで歩んできた軌跡を辿れば、幾多の試練との闘いが見えてくる。

幼少時代の貧しい生活から始まり、脳腫瘍の大手術で視野の半分を失いもがき苦しみつづけた青年時代。ときに死を覚悟するも、生かされた命を「世のため、人のために尽くしたい」と心に決め、「自分のように目で悩む人に健康になってほしい」という想いで挑戦を繰り返すなか、事業を軌道にのせた。

彼を知る多くの者はこう口を揃える。「角谷さんほど、『無償の愛』という言葉が似合う人はいない」と。

そう、彼のあらゆる言動は、見返りを求めるものではないのだ。

わかさスタジアム京都のネーミングライツもそのひとつ。

そして、女子野球の未来のために創設した女子プロ野球リーグも。

時代がさらに動きだす瞬間

女子プロ野球リーグ開幕が刻一刻と近づいていたある日。

「わかさスタジアム京都をぜひ開幕試合で使ってください」

球場確保に苦悩をつづけていた片桐のもとに届いた市からの使用許可の連絡が入った。

彼が純粋に「子どもたちや女性のため、選手のため、そして地元京都のため」を願った想いに、球場を管理している市が応えてくれたのだ。

これはまさに、角谷の蒔いた種が実を結んだ一つのエピソードだろう。

そして、女子野球の次代への扉が少しずつ開き始めた瞬間でもあった。

角谷が思い描いた夢。

「青春を野球に捧げる女子高校球児たちに、甲子園で試合をさせてあげたい」

このとき誰も想像すらできなかった。

女子プロ野球リーグの歩みと共に『女の子たちの甲子園』が近づいていることを。
そして、角谷が蒔いた種のとおりに実を結ぶ日が近づいていることを……。

第５章

0から1への挑戦
～女子プロ野球リーグ開幕～

淡路島合同キャンプ

開幕が一カ月後に迫る三月八日。女子プロ野球リーグは、京都アストドリームスと兵庫スイングスマイリーズの二球団による合同キャンプを淡路島でおこなった。キャンプに備え、二月中旬から基本練習や体力の強化を図ってきたとはいえ、高校や大学卒業間近の学生も多く、全員が揃ってのチーム練習は、実質初めてといえる絶好の機会。

初日はマシンを使った打撃練習やノックなど約三時間の軽めの練習だったものの、日を追うごとに、開幕に向けたチームづくりのために指導者にも熱が入り練習量が増えていった。

そんななか、一人の指導者だけは、各選手のコンディションを冷静に確かめていた。体力的に練習についていけない選手には別メニューを用意し、健康がすぐれない

▲練習メニューなどの確認を両球団でおこなう合同キャンプの様子

と判断した選手には声を掛けて休ませるなど、選手が怪我をしないように細心の注意を払っていたのだ。

その指導者こそが、当時、兵庫スイングスマイリーズのコーチを務め、数年後にリーグ全球団の統括ヘッドコーチまで任されるようになった松村豊司（まつむらとよじ）だった。

一つの約束

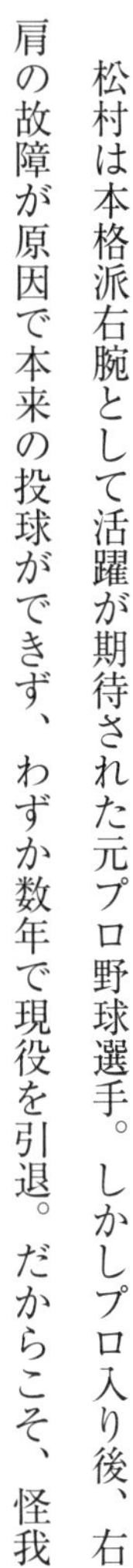

松村は本格派右腕として活躍が期待された元プロ野球選手。しかしプロ入り後、右肩の故障が原因で本来の投球ができず、わずか数年で現役を引退。だからこそ、怪我が選手の未来を奪うことを誰よりも知っていた。

そんな経歴を知って、指導者経験のない松村をコーチに推薦したのが角谷だった。

それまで野球だけで生きてきた松村が、「もう野球とはまったく違う人生を歩もう」と一般企業でセカンドキャリアを歩み始めたときに、「何もできない僕にチャンスをくれたのは角谷社長だった」と松村は語る。

松村が角谷と初めて出会ったころは、まだ女子プロ野球リーグの構想前だったが、松村は、角谷の『人を本気で応援する姿、そして社会や地域のために貢献していく行動力』に惹かれ、「角谷社長のもとで働きたい！」と、すぐに思ったそうだ。

そんな松村が、兵庫スイングスマイリーズのコーチを薦められた際、角谷から託された一つの約束があったという。

それは「選手を怪我させないようにだけ気をつけてほしい。怪我で苦労してきた松村君だからこそ頼めることなんだ」ということだった。

角谷のこの言葉を、松村は「本当に選手を大切にされているなと感じました。『チームを強くしなさい、プレーを上達させなさい』ではなかったですから」と振り返る。

このたった一つの約束を守るため、合同キャンプをはじめ、その先のシーズンを通して、松村は常に選手のコンディションに目を配ることに努めた。

松村は、この約束の先に待っていた嬉しい出来事も教えてくれた。

「実は、リーグ初年度のシーズンが終わったとき、角谷社長は一年間怪我人をださなかったことに対して、僕に社長賞で称えてくれたんです。『約束を守ってくれてありがとう』って。僕は、その約束に込められた、角谷社長の選手を大切にする気持ちを大事にしたかった。だから約束を守りたかった。ただ、それだけだったんですけど、まさか表彰までしてもらえるなんて思ってもいなくて、相当嬉しかったですね」

角谷を知る多くの者が、彼の人物像を語る言葉のなかに、「頑張っている人を見つけるのが上手く、自信を持つきっかけを与えてくれる人」という共通のものがある。この言葉を裏づける一つのエピソードが、松村に贈られた角谷からの表彰。

指導者経験のなかった松村が、数年後、リーグ全球団の統括ヘッドコーチにまで成長できたのは、あのとき交わした一つの約束を通じて、角谷が松村に与えた〝きっかけ〟が大きかったのだ。

▲選手の状態に気を配りながら指導にあたる松村豊司（写真左）

初のオープン戦

淡路島での合同キャンプが中盤に差しかかる三月十三日。基礎練習をつづけていた二球団は、実戦形式でのプレーを試すために、小雨が降るなか初のオープン戦を実施した。

試合形式は7イニング制で、ベンチ入りの選手全員が打席に立つ特別ルール。試合開始早々、京都アストドリームスが先制点を挙げるも、兵庫スイングスマイリーズがその後逆転し、2－1で勝利。

ただ、このオープン戦は勝敗が重要ではない。選手やチームの現時点での状態を確認し、開幕に向けて強化すべき課題を把握することが大切。オープン戦を見守った太田幸司スーパーバイザーは、「思った以上に選手が動けていて安心した。ただ、今日の試合で出た課題を開幕までにどこまでクリアできるかが大事」と、目を細めながら選手にエールを送っていた。

電光掲示板から流れる驚きのニュース

約二週間にわたる合同キャンプ中のある日の練習終わり、足早（あしばや）に荷物をまとめて球場を後にする一人の選手がいた。

ドラフトで内野手一巡目の指名を受けた兵庫スイングスマイリーズの小久保志乃だった。

彼女は当時、大学四年生。翌日、東京でおこなわれる卒業式のため、一時的にキャンプを離れなければならなかったのだ。日が沈みかけるなか、淡路島発のバスに乗り、なんとか東京行きの新幹線の出発時間に間に合った彼女は、座席に腰を下ろすとすぐに、連日の厳しい練習の疲れから、ウトウトと眠りかけていた。

しかし、彼女の目に飛び込んできたある文字に、ハッと目が覚めたという。

「車内の出入り口付近に設置された電光掲示板に目をやると、女子プロ野球のオープン戦の試合結果がニュースで流れてきたんです。寝ぼけて幻覚でも見たのかな、と自分の目を疑いましたが、間隔をあけて何度も流れてくるんです。『こんなに注目してもらえる世界で私は野球ができるんだ、本当に女子プロ野球選手になったんだ』と実感が湧いた瞬間でした。そのあとは興奮で目が冴えて、東京に着くまで寝られませんでした（笑）」

小久保が偶然に目にしたニュースをはじめ、開幕が近づくにつれ、女子プロ野球リーグへの注目度は高まっていった。ただ、それらは自然に発生したものではない。実は、その多くは、角谷がこれまで会社経営で培ってきた独自のマーケティング手法を駆使したプロモーションで、計画的に生み出したものであったことを知る者は少ない。

開幕に向けて厳しい練習に励む選手たちや、開催準備と集客活動に奔走するスタッフのため、そしてなにより、「多くの人に女子野球を見てもらいたい」と願う気持ちから、リーグの運営を代表の片桐諭に任せながらも、角谷は後方から支援をつづけていたのだ。

マーケティングの真髄

女子プロ野球リーグを創設した角谷を知る多くの者が、彼を語るうえで口を揃えるもう一つの言葉「人の心を動かすのが上手い人」。

これは、まさに角谷のマーケティングを象徴する一つのキーワードではないだろうか。

その言葉の真意を、角谷が経営する会社の成長を広告代理店の立場で、長年見てきた関利彦が教えてくれた。

「角谷社長が世の中に出すテレビCMなどの広告を見た多くの方は、大きな宣伝費用をかけていると誤解されます。しかしそうではなく、広告の掲出場所やタイミングなど、あらゆる視点から総合的に分析され、最も効果的に人の記憶に残るプロモーションを的確にされるのが角谷社長です。また、そのなかには、人の心に届くメッセージが込められています。だからこそ、多くの方の記憶に深く残るんです」

関が随所で見てきた角谷の的確なプロモーションは、女子プロ野球リーグの開幕に向けても発揮された。開催日が近づくにつれ、一定のエリアに住む人の心に『女子プロ野球リーグ開幕』の文字が、強く印象づけられていったのだ。

その一つが、京都市内のバス停に掲出されたバスストップ広告だった。この広告の制作に関わった宮井隆行は、今でも角谷から教わった経験が忘れられないという。

「広告に掲載する選手の写真撮影後、出来上がったポスターを持って角谷社長に報告に行ったんです。僕としては、合格点だなと思っていたんですけど、それを見た角谷社長は、『撮り直そう。もっと彼女たちの良さを引き出してあげないと、これを見てくれた人たちが応援に行きたいと心が動かないよ』と仰いました。そのときは『心が動く』という言葉の意味を理解できなかったんですが、撮り直した写真の中から角谷社長が選ばれた写真は、以前とはまったく別物で……。言葉で表現するのは難しいですが、選手の表情もイキイキとしていて、心に伝わってくる写真だったんです」

こうして出来上がったバスストップ広告は、「掲載が終了してから数年が経っても、市民の記憶に残りつづけた」と宮井は語る。

「地域への挨拶まわりや集客活動など事あるごとに、『あのバス停でよく見た女子プ

▲開幕戦を告知するため、京都市内に掲載されたバスストップ広告

ロ野球ですよね』と、本当によく言われました。そのたびに、角谷社長から教わったあの日を思い出すんです。一枚の写真の違いで、こんなにも人の心を動かすことができるんだって」

これが、角谷のマーケティングの真髄に少し触れられた、宮井の記憶に残る『角谷との大切な思い出』の一つなのだ。

前へ前へ、積み重ねた日々

開幕の日が刻一刻と迫るなか、片桐をはじめスタッフたちは、連日、開催の準備に追われていた。事務所の壁に貼られた大きな一枚の模造紙は、まるで魚の鱗（うろこ）のように、やることが書かれたたくさんの付箋（ふせん）で埋め尽くされていった。一つ剥がしては、また一つ貼られていく。一向にゴールが見えず、焦りだけが募（つの）っていく日々。

片桐は当時の様子をこのように振り返る。

「深夜、寝るためだけに帰宅するんですが、目を閉じても『あれもできていない、これもできていない』と思い出したり、『お客さんが来てくれるのか、女子野球を受け入れてくれるのか』といった心配で、すぐに目が覚めるんですよね。開幕直前のことは、それ以外ほとんど覚えていないんです」

　女子プロ野球リーグ創設の記者発表をしてから約八カ月間。常に、その不安が片桐を襲っていたという。

　女子野球のプロリーグ化は、正解を知る者がいない未知なる世界。手探りながらも、前へ前へと進み、必死に積み重ねてきた日々。気がつけば、カレンダーの日付は、開幕の前日を知らせる四月二十二日になっていた。

　その日、片桐は最終準備の合間を縫って、リーグ運営を一任してくれていた角谷のもとへ車を走らせた。出迎えた角谷の表情は柔らかく、「明日は女子プロ野球ファンとして楽しみにしているよ」と温かい言葉を掛けてもらった。その一言に勇気づけられた片桐は、「やれることはやってきた」と覚悟ができたそうだ。

　いよいよ明日、女子野球の未来を切り拓く歴史的瞬間の幕開け、『０から１への挑戦』が始まる。

全ての準備を終えたのは、時計の針が0時をまわり、日付が変わった開幕戦当日。

静かな春の夜空に、女子野球の希望の光が煌々と輝いていた。

女子プロ野球リーグ開幕 

二〇一〇年四月二十三日。

遂に、新たな歴史が幕を開ける日がやってきた。

歴史に刻まれる一戦に臨む選手たちを乗せたマイクロバスが、球場に到着したのは十三時を過ぎたころ。

プロとして歩み始める選手たちを最初に驚かせたのは、バスから降りてくる彼女たちの姿を待ち構えるメディア各社のカメラの数だった。

そのときの心境を、のちに女子プロ野球リーグが誇る強打者となり、史上初の打撃四冠でギネス記録にも名を刻んだ岩谷美里が語ってくれた。

「入団してから指導者に再三、『プロは見られる存在。だからこそ、プロに相応しい言動が大切』と言われていましたが、どこか実感がもてなかった。ただ、あの瞬間『これがプロか、これが見られるということなんだ』と痛感しました」

今までにない注目を浴び、一気に顔が緊張でこわばった選手たちの様子を、当時、京都アストドリームスのコーチを務めていた川口知哉はよく覚えているという。

川口といえば高校時代、夏の甲子園で準優勝を果たし、その後、ドラフト一位でプロ入りしたスーパースター。たくさんのメディアに囲まれる経験を何度もしてきた川口ですら、「あの日の報道陣の数は、僕が経験してきた何倍にも及ぶものでした。選手たちと同じバスに乗って球場入りしたんですが、選手の顔がたちまち引きつっていきましたからね(笑)。まずいなー、大丈夫かなー、と思ったことをよく覚えています」と懐かしそうに話してくれた。

それほどまでに、女子プロ野球リーグの開幕に世間の注目は集まっていたのだ。

球場の外には、大勢のメディア関係者の他にも、すでに百名を超えるファンがチケットを求めて長蛇の列をつくっており、選手の到着とともに拍手が沸き起こった。

そのなかで球場に入った選手たちには、まるで夢を見ているかのような世界が、その後もつづいた。整備が行き届いた黒い土と青々と茂る芝生のグラウンド、そして、スターティングメンバーの発表に合わせたアナウンスとバックスクリーンに映し出される自分たちの名前。それは、これまで彼女たちが歩んできた環境とは異次元の世界だったのだ。なかでも、彼女たちをもっとも驚かせたのは、ロッカールームに置かれた二着の新品のユニフォームだったという。

　これまでの野球人生、試合前の練習も試合も、普段から使い古した一着のユニフォームでおこない、たとえ練習でドロドロになっても、そのまま試合に臨むのが当たり前。しかし、その日、プロとして歩み始める選手たちの晴れ舞台に、リーグ創設者である角谷が、二着のユニフォームをプレゼントしてくれていたのだ。

　恵まれない環境のなかで、幼いころから白球を追いかけてきた選手の一人、新原千恵は「これまで無我夢中に、

▲開幕戦、開門を待ちわびるファンの列

女子でも野球ができる場所やチームを求めて必死に歩んできたなかで、用意してもらったユニフォームはご褒美(ほうび)に見えた」という。だからこそ、新原は「次の世代の女の子たちにも、私たちはプロの世界をつないでいかないといけない」と心に誓い、贈られた新品のユニフォームの袖に、ゆっくりと腕を通した。

すべてに「初」がつく試合 

十六時を過ぎたころ、球場の外で早くから開門を待ちわびていたファンが、一斉(いっせい)にスタンドの観客席を埋め尽くしていく。徐々に高まるスタンドの熱気と選手の緊張に包まれた球場の雰囲気は、歴史の幕開けを知らせる試合開始に向け、まさにカウントダウンが始まっていた。

その日、兵庫スイングスマイリーズの開幕投手であり、四番打者としてグラウンドに立った小西美加は、試合前、これまでの野球人生を振り返り、試合に挑む決意を固めていた。

小学生のころ、「女の子は入部したことがないからダメ」と断られた悔しい思い出。中学に上がってからも、入団テストで監督から「ぜひ、入ってほしい」と言われたものの、男女の体力・体格の差を理由に入団できずに味わった屈辱。荒れ果てた河川敷のグラウンドで、汗を流しつづけたクラブチーム時代。

そんななか、何度も足を運んで「一緒に女子野球の世界を変えよう。女子プロ野球をつくろう」と誘ってくれた角谷の熱意に惹かれ、「わかりました。自分の人生をかけます」と返事をして、歩み始めたプロの道。

この試合は女子プロ野球リーグ初の開幕戦だからこそ、「何をやっても『初』がつく試合。これまでの想いをぶつけて、すべての『初』を取りにいこう」。そう決心し、小西は十八時のプレイボールに向けて準備を着々と進めていた。

0から1への挑戦 

四月下旬とは思えないほどの寒空の下、日が少しずつ沈みかけていくなか、照明が灯(とも)されたグラウンドには、三十名のシンデレラたちと太田スーパーバイザー、そして代表理事の片桐が並び、開幕セレモニーがおこなわれていた。

真(ま)っ新(さら)なユニフォームに袖を通し、緊張とワクワクが同居したような表情の選手たちを背に、スタンドに詰めかけてくれた大勢の観客へ片桐が開幕を宣言した。

「昨年八月にリーグの創設を発表して以来、我々の活動を支援してくださるたくさんの方々と触れ合うことができました。そして今、我々の目の前にはスタンドで応援してくださる皆様がいます。まず、京都アストドリームスと兵庫スイングスマイリーズの二球団でスタートするこのリーグは、女子野球の普及及び発展のための一歩を本日踏み出します。我々はこの歩みを決して止めません。近い将来、女の子が『将来の夢は？』と聞かれて、胸を張って『女子プロ野球選手』と言える時代を、そして、そういう舞台になることを皆さんに誓います。ガラスのスパイクをはいたシンデレラたちと共に、二〇一〇年四月二十三日、ここに日本女子プロ野球リーグの開幕を宣言いたします」

このメッセージのなかには、片桐が角谷と共にみた夢『女の子の甲子園』を実現させるための決意が溢れていた。片桐が宣言したとおり、女子プロ野球リーグは『女子野球の普及と発展』のために動き始めるのだ。

競技人口がわずか六百人にも満たない女子野球の世界で、頂点のプロリーグをつくるからこそ飛躍的に普及、発展していく未来。角谷だけが描いた『夢を実現するためのストーリー』の第一歩。『0から1への挑戦』が、今まさに、始まろうとしていた。

プレイボール

多くの観衆が見守るなか、合図とともに堂々とグラウンドに駆け出す選手たち。定刻どおりの十八時。主審の「プレイボール!」の声が、球場に響き渡った。

先頭打者は、兵庫スイングスマイリーズの厚ヶ瀬美姫。女子野球界屈指のトッププレイヤーである厚ヶ瀬ですら、一打席目の緊張感は特別だったという。

「初球は高めに浮いたボール。ただ、振らなかったというより、足が震えてバットが振れなかったんです。それは初めての経験でした。相手投手も緊張していたんでし

▲開幕戦１回表、先頭打者の厚ヶ瀬美姫

▲リーグ史上「初打点」を記録した小西美加（写真左）と「初得点」を記録した厚ヶ瀬美姫（写真右）

ょうね。結果、フォアボールで、ホッとした記憶が鮮明に残っています」

厚ヶ瀬の出塁を皮切りに、四番の小西美加が犠牲フライを放ち、幸先よく兵庫スイングスマイリーズが先制点を挙げた。

すべてに「初」がつく試合の初打点は小西に、そして初得点は厚ヶ瀬に記録された。

この先、女子野球界を長く牽引することになる二人に、女子プロ野球リーグ史上初の打点、得点が記録された瞬間は、物語の始まりを告げる思い出深い得点シーンとなり、いまだに多くの者の心に刻まれている。

歓声が沸く球場

当日球場で観戦した者の多くにとって、初めて目にする女子野球。
投手が放つ渾身のストレート、打者の力強いスイングから放たれた打球の弾道、女性ならではの柔らかな身のこなしと華麗なフィールディング、そして男子顔負けのス

ローイング。野球に目が肥えた者ですら、想像をはるかに超える女子選手のプレーに舌を巻いた。

角谷が初めて女子野球を見たときの感動が、球場に足を運んだ人たちにも伝わり、ワンプレー、ワンプレーを心から楽しむ観客の歓声と球場が一体となり、選手たちの表情にも喜びが溢れていた。

スタンドの観客席でその様子を見ていた角谷は、今でもその日の光景が忘れられないという。グラウンドで躍動する選手たちの姿、そして、その選手たちを憧れの眼差しで追う子どもたちの笑顔を見て、これまでの苦労や葛藤の全てを忘れることができたのだ。

女子プロ野球リーグの創設を決意してから約二年。思い返せば、まったく休むことなく走りつづけてきた。会社の経営に加え、母校の学園再生改革や、女子硬式野球部の創部を全国の高校にお願いする日々。さらに、開幕に向けた集客など多岐にわたる全面的なサポート……。自分でも気づかないほど蓄積された疲労は、身体を蝕み、意識を失い病院に運ばれた日もあった。ただ、彼を立ち上がらせたのは、「女の子の甲子園を実現させる」という強い意志だったのだ。

シンデレラたちが見た世界

歴史的な一戦を経験したシンデレラたちは、あの舞台をどのように感じていたのだろうか。グラウンドに立った選手だけが味わうことのできた景色を教えてくれた。

小久保志乃「球場全体に一体感が生まれていて、歓声に包み込まれているような不思議な感覚がありました。夢じゃないかなと感じるほど、しあわせな時間でした」

岩谷美里「歓声のすごさ、観に来てくれる人の多さに感動しました。すべてが新鮮で『これもプロなんだな、これもプロなんだな』と噛みしめながら過ぎた、忘れられない一日。プロって、こんなにもやりがいのある世界なんだと実感した試合でした」

厚ヶ瀬美姫「一つひとつのプレーに沸く歓声に鳥肌が立ちました。いつまでもこの空間で野球をしたいなと思っていたら、あっと言う間に過ぎましたね。あれから十年以上経ちましたけど、ショートの守備位置から見たスタンドの景色は、一生忘れられないです」

新原千恵「応援してくれる子どもたちの表情が、今でも記憶に鮮明に残っています。まだ、スタートしたばかりなのに、子どもたちにとっては、すでに『プロの選手』に映ったんでしょうね。試合後、『サインをください』って、緊張しながら近づいてきてくれた女の子に、初めてサインをする私も緊張して(笑)。この子たちのためにも、『本当のプロにならないといけない』と自覚した瞬間でした」

小西美加「これまで女子野球の世界で苦労されてきた先輩方からも、『託したよ』と言葉をかけていただき、『自分一人の野球じゃないんだ』と臨んだ開幕戦。見てもらえる野球ってこんなにも楽しいのかと感じた世界。だからこそ、このバトンを次の世代につなげていく責任感が生まれたんです」

碇美穂子（いかりみほこ）「高校時代の恩師に、『頑張っていたら、いつか君たちを見つけてくれる人は必ずいるから』と言われていたことを思い出した試合です。角谷社長が女子野球を見つけてくれたからこそ、実現できた舞台。その想いに応えたいという気持ちが、より一層、芽生えた日でした」

ついこの間まで、恵まれない環境のなかで白球を追いかけてきた選手たちにとって、これほどまでに急激に時代が変わることは、誰一人予想できなかった夢の世界。それは同時に、開幕戦を観戦した野球少女たちにも、夢が生まれた瞬間でもあった。

当時、野球チームで男の子に混ざって、プレーをしていた小学六年生の女の子は、「将来の夢は?」とインタビューされ、「プロを目指したい」と嬉しそうに答えていた。その言葉に象徴されるとおり、この日はまさに、開幕セレモニーで片桐が宣言した『時代の到来』を告げる、新たなシンデレラたちが誕生した一日でもあったのだ。

片桐は開幕戦のスタンドで、二人の小さな女の子を連れて観戦に来ていた男性から、こう声を掛けられたという。

「私は昔から、子どもと野球を一緒にすることが夢だったんです。でも、子どもは女の子。その夢はもう叶わないと思っていました。でも、女子プロ野球ができて、この子たちが野球をすることはおかしいことじゃなくなった。女の子たちが野球をしたいって言える環境をつくってくれた皆さんには感謝しています。本当にありがとう」

その男性の手を握っていた二人の女の子の目は、グラウンドの選手たちを夢中で追いかけ、キラキラしていた。

野球少女たちの夢 

角谷が女子野球と出会って描いた夢、『女の子の甲子園』。

彼が描いた夢を実現するストーリーは、女子プロ野球リーグの開幕によって確実に動き出したのだ。

「夢はつながっていく」

彼はそのことを知っていたのだろう。

球場で観戦した女の子たちが抱いた夢は、まさに角谷たちが、夢を追うからこそ生まれた、新たな夢なのだ。

「私も野球がしたい。女子プロ野球選手になりたい」

この夢が全国の野球少女たちに広がり、女子野球の時代が大きく動き出した一日。


試合後、ゆっくりと観客席から立ち上がり、球場を後にしようとする角谷の目には、真っ新なユニフォームを泥だらけにし、清々しい汗をかきながら、笑顔を浮かべる選手たちが、観戦してくれた人たちを見送る姿が映った。

その姿を見て、「ここからが本当のスタート」と自らを引き締める角谷ではあったが、暗闇のなかを立ち去る彼の後ろ姿からは、しあわせに満ち溢れた温かい雰囲気が醸しだされていた。


女子プロ野球リーグの開幕戦。

この歴史に刻まれた一戦は、「0から1への挑戦」。

角谷たちは、「1」から更なる挑戦へと舵をきり始めた。
すべては『女の子の甲子園』という夢の舞台を実現するために。

▲開幕セレモニーでスタンドの来場者へ挨拶する代表理事の片桐諭と選手たち

第６章

女子野球ジャパンカップ
～語り継がれる大会の真実～

女子野球ならではの大会

世の中に女子野球が浸透し始めた今。

『0が1』になった女子野球に関わりを持ち始める者は多く現れる。

しかし、その世界を築き上げた『0を1』にした者たちがいたからこそ、今のような時代があることを忘れてはならない。

彼らがこれまでの軌跡を振り返り、口を揃えて言う、女子野球をここまでの発展に導いた要因に挙げる二つのキーワード。

その一つが、ここまで本書で綴ってきた『女子プロ野球リーグ』である。

そしてもう一つが、『女子野球ジャパンカップ(以下、ジャパンカップ)』だ。


驚くことは、この二つを生み出し守りつづけたのが、たった一人の男、角谷建耀知だということだ。

彼は女子プロ野球リーグを開幕させた翌年、プロと高校や大学のアマチュアチームが対戦するという、野球界では前例のない『女子野球ならではの大会』を凄まじいスピードでつくったのだ。

「このジャパンカップこそが女子野球の普及や発展に大きく貢献した要因だ」と時代を築いた者たちの多くが言うその真相は、ある高校の女子硬式野球部の監督の言葉から浮かび上がってきた。

▲第1回女子野球ジャパンカップを告知するポスター

全ての歴史を見てきた一人の名将

「青春を野球に捧げる女子高校球児たちに、甲子園で試合をさせてあげたい」

この夢を角谷が女子野球と出会い、心に誓った二〇〇七年。

ちょうどそのころ、「いつになったら未来は見えるのだろう」と、女子野球の先行きに不安を抱いていたある高校女子硬式野球部の指導者がいた。

その指導者とは、全国で初めて女子硬式野球部を創った高校、『神村学園高等部（以下、神村学園）』の橋本徳二監督である。

神村学園に女子硬式野球部が創部されたのは、遡ること二十六年前。一九九七年四月のことだ。

神村学園女子硬式野球部の創部一年目。

八名の新入生が新しくできたばかりの女子野球部の門を叩いた。

しかし、当時の女子野球の現状を反映するかのように、野球経験者は、新入部員八名のなかに誰一人としていなかった。

野球部の活動初日、彼女たちにボールを渡してみると三本指で投げ始めた。バットを持たせても、握り方すらわからない。

ただ、彼女たちの瞳はキラキラしていた。

彼女たちは中学を卒業後、生まれ故郷を離れ、野球ができる喜びに胸を躍らせて神村学園のある鹿児島県まで集まってきたのだ。

全国でたった一校だけの女子硬式野球部。

当然ながら試合をする相手すらいない。ましてや、『女の子の甲子園』は夢のまた夢の時代。

全国初の女子硬式野球部を率いた橋本監督が、当時のことを懐かしそうに思い出してくれた。

「指導者の話をいただいたのは、私が大学四年生の秋ごろ。最初は『女の子に野球を教えるだけでいいんだな』という軽い気持ちで引き受けたんです。ただ、年が明けて創部の日が近づくにつれ、徐々に女子野球の現状を知っていくわけです。当時は野球をする女の子は非常に少なく、ましてや他校に女子野球部もない時代でしたから、『本当にできるんだろうか』と不安になりました。八名の新入部員と初めて顔を合わせたのは四月八日。忘れもしないですね。投げ方、打ち方、走り方、全てを一から教えてあげないといけない状態。ただただ、一生懸命な姿に『この子たちを何とかしてあげないといけない』と、彼女たちと向き合う怒涛(どとう)の日々が始まったんです。それからは、心配していたころの自分を思い出す余裕がないくらい必死でした」

こうして、全国初の女子硬式野球部はスタートをきったわけだが、「創部から約十年間は途方もない年月だった」と橋本監督は言う。

「女子硬式野球部をつくる高校も、五校になるまでは早かったんです。でも、そこからは不思議なことに十年近くまったく増えなかったんですよね。未来が見えない時代が何年もつづきました。あと何年待ったら、女子野球は認められるのか。そして知ってもらえる時代は来るのだろうか。そんな想いが募(つの)っていたときに、京都の高校に女子硬式野球部が創部されるという情報が届いたんです。約十年間、まったく進展がなく不安が蔓延していた女子野球界にとっては、新しい女子野球部の誕生の知らせは、本当に嬉しかったですね」

関西に誕生した希望の一校

停滞しつづけていた女子野球界に新たな希望となった女子硬式野球部の誕生。
それが、成美学園の学園再生を託された角谷が、再生プランの一つに掲げ二〇〇九年に誕生させた『福知山成美高校女子硬式野球部』である。

橋本監督曰く、久しぶりの女子硬式野球部誕生が関西であったことも、女子野球界にとっては貴重な出来事だったそうだ。

「福知山成美高校に女子硬式野球部が創部されるまでは、私たち神村学園の他に女子の硬式野球部がある高校は関東地方だけだったんです。野球がしたくても、それまでは親元を離れて鹿児島か関東の高校に行くしかなかった。それが野球の盛んな関西地方に女子硬式野球部ができたことによって、関西や中国地方、そして四国などからも実家近くの高校への進学が可能になったんです。選択肢が増えることは素晴らしいことです。野球を諦めずに高校へ進学する女の子たちも増えました。ですから、福知山成美高校の女子硬式野球部の創部は、女子野球の競技人口が増えることにも大きく貢献するものだったんです」


角谷が創部を実現した福知山成美高校女子硬式野球部。

この誕生がもたらした計り知れない功績。

これを教えてくれた橋本監督の脳裏には、さらに懐かしい思い出がよみがえった。

「あのころはねー。練習試合をしたくても近くに対戦相手すらいなくて。関東に行くにも鹿児島からは遠すぎてね。福知山成美高校に女子野球部ができたことが本当に嬉しくて……。すぐに生徒たちをマイクロバスに乗せて、フェリーを使って何度も京都まで遠征に行きました。それでも遠いんですけどね(笑)。生徒たちに試合をさせてあげられることが嬉しかったんです。生徒たちも喜んでいましたしね。関西に女子硬式野球部をつくってくれたことを今でも感謝しています」

女子野球の未来が見えなかった過酷な時代から現在に至るまで、全ての歴史を第一線で歩んできた橋本監督も、女子野球が急速に普及・発展した要因に、『女子プロ野球リーグの誕生』と『ジャパンカップの開催』を挙げている。

「今では小学校の野球チームにも女の子が多く所属し活躍しています。昔ではほとんどなかった光景です。女の子が野球をすることがおかしくない時代になったのは、間違いなく女子プロ野球リーグが誕生したこと、そして、その女子プロ野球が先頭に立ち、あらゆるチャレンジをしてきたことが大きいと思います。なかでもジャパンカップは、女子野球界全体を活性化させる大会でした。第一回大会のときは、正直に言うと、プロと高校生や大学生に力の差はなかったんです。ただ、第二回大会から、プレーのレベルだけでなく、体つき、振る舞いなどが見違えるほど変わっていました。素晴らしい環境や指導のもと、プロの選手が目覚ましい成長を遂げていましたね。そ

▲憧れの眼差しで女子プロ野球選手の試合前練習を見る高校生の女子選手たち

▲ジャパンカップ出場を喜び、元気にプレーする女子野球選手たち

れからは、我々アマチュアチームにとって、ジャパンカップは『プロを体感できる大会』へと変化していったんです」

橋本監督はさらにつづける。「高校生や大学生の選手たちは、直接プロと対戦できることでプロの凄さを肌で感じるわけです。ジャパンカップはプロと対戦できる憧れの大会になっていきました。第二回大会以降ですね。『私も女子プロ野球選手になりたい』『ジャパンカップに出て、プロに勝ちたい』という生徒たちの声を聞くようになったのは。小学生や中学生のなかにも、そんな想いを持つ子どもたちが増えていったのだと思います。ジャパンカップの存在が、女子野球の競技人口を増やし、学生たちのプレーの向上にもつながりました。そして、ジャパンカップの出場を目指し創部される高校も増えました。ジャパンカップは、女子野球界に良いサイクルを育んだ大会だったんです」

女子野球界に大きく貢献したと語られるジャパンカップ。

しかし、橋本監督の言葉「第一回大会のときはプロと高校生・大学生に力の差はなかった」とある通り、初めて開催されたジャパンカップでは、女子プロ野球のレベルは、まだ『プロ』と呼べるに値するものではなかった。

現に、第一回大会はプロの二球団が準決勝で高校生に敗北を喫する結果となり、優勝に輝いたのは埼玉栄高校だった。

それもそのはず、女子プロ野球リーグの初年度は、入団テストを開催し合格者を決定したものの、競技レベルだけでいうと決してトップ選手だけが集まったわけではなかった。

このような背景を踏まえると、大会開催前からプロが高校生や大学生に負けることは十分に想定できた。そして、プロがアマチュアチームに敗北すると、プロの存在意義を問われかねず、大会開催はリスクが高いものであったことは言うまでもない。

実際、準決勝でプロが敗戦した際には、「プロが高校生に負けた」と、試合結果だけをおもしろがる者もいた。

大会関係者のなかにさえ、「これほどのリスクを冒してまでなぜ開催に踏み切ったのだろう……」そんな疑問を抱く者もいたのではないだろうか。

しかし、女子プロ野球リーグの創設者であり、ジャパンカップ開催を提言した角谷にとって、試合結果は意に介するものではなかった。

なぜなら、大会を開催することによってもたらされる『好循環』、すなわち、女子野球が普及・発展する時代へと導くストーリーが彼には見えていたからである。

先述した橋本監督の言葉にもある通り、高校や大学の女子野球選手たちにとって、初開催から数年でジャパンカップは憧れの大会になり、女子野球界全体の競技人口や女子硬式野球部を創部する高校の増加にも良いサイクルをもたらした。

さらに、角谷にはジャパンカップを開催することで、女子プロ野球リーグ側にも起こる『好循環』、すなわち、女子野球界の未来につながる相乗効果が見えていた。

そのことは、女子プロ野球リーグの関係者、そして出場選手の証言から明らかになった。

プロにも生まれた好循環

当時、ジャパンカップに出場していた女子プロ野球選手たち。

その一人、厚ヶ瀬美姫は「ジャパンカップは、私たちをプロに育ててくれた大会」と振り返る。

また岩谷美里も「ジャパンカップに出場するたびに、現状に満足してはいけないといつも痛感させられた」と語っている。

そんな彼女たちにとって、ジャパンカップは「正直、いちばんやりたくない試合だった」と本音も話してくれた。

▲ジャパンカップでプレーする厚ヶ瀬美姫

大会を主催した女子プロ野球リーグの代表理事・片桐諭は、「プロの選手のみならずチームを率いていた指導者もジャパンカップに挑む際の様子はいつもと違った」と当時を思い出し、その指導者の緊張感を感じとったエピソードを教えてくれた。

「試合前、ベンチに顔を出すと、ある指導者のくちびるの色が驚くほど悪くカサカサで(笑)。『大丈夫か。しっかりしてくれよ』と声を掛けたことを覚えています。普段の試合とはまったく違うプレッシャーを指導者も感じていたんでしょうね。さすがに負けられないですからね」

さらに、片桐は「ジャパンカップは女子野球ならではの大会。何より女子野球を普及し、『女の子の甲子園』を実現させるためには、プロ側がリスクを冒してでも開催しなければならない大会だった」と当時を振り返った。

厚ヶ瀬と岩谷もまた、「ジャパンカップがなければ、ここまで女子野球が盛り上がることはなかった。プロの選手にとっても本当に意義のある大会だった」と語っている。

厚ヶ瀬と岩谷が口にした「プロの選手にとっても」。

この言葉の本質が、同じく女子プロ野球選手だった新原千恵の言葉から、より明確に伝わってきた。

「女子プロ野球リーグができて、たしかにそれぞれの選手が自分の成績を上げるために、そしてチームが勝つために努力していました。ただ振り返ると、女子プロ野球という狭い世界でしのぎを削るだけ、野球が上手くなるためだけになってしまっていたんです。しかも、リーグの二年目にジャパンカップが初めて開催され、高校生に負ける結果。このままでは『プロ』と名乗ることすら恥ずかしいレベル。私たちは大会終了後、『もっと練習しないと』『もっとチームを強くしないと』という気持ちでした。でも、ある日、大会を観戦されていた角谷社長から言われた言葉に私たちはハッとしたんです。それは、ジャパンカップで高校生と試合した際、エラーをしてしまった高校生に対して、試合に勝ちたいがためだけに、そのエラーを喜ぶプロの選手たちの姿に対するものでした」

角谷から女子プロ野球選手たちに問いかけられた、たった一つのメッセージ。

「あなたたちはプロですか。勝つことだけがこの大会の意味ですか」

この言葉に全てが詰まっていた。

新原はこの言葉で、女子プロ野球リーグが掲げていた理念、原点に立ち返ったという。

「私たちは、プロだから負けてはいけない。アマチュアチームより野球が上手くなくてはいけない。そんなことばかりに目を向けてしまっていました。プロは、心技体の全てで見本になる存在であるべきなのに、人としての『心』の部分が、そもそもプロと言えるレベルではなかったんです」

さらに新原はこうつづけた。

「角谷社長は私たちに、ジャパンカップを通じてプロにふさわしい心技体を身につけてほしかったんだと思います。野球が上手なだけの集団がプロではない。一流の心技体を持ち合わせている集団がプロであるべきなんだということが込められた一言でした。そうでなければ、女子プロ野球リーグが野球少女たちの目指すべき場所にならない。これからの女子野球界につながらないと考えておられたんです。女子プロ野球リーグは『女子野球の普及と発展』を理念に掲げ、ジャパンカップもその理念のもとで開催された大会でした。それを実現させるためには、プロとしての技術的な強さを見せることも大事ですが、何より『心』、プロとしての言動が求められていることを私たちは気づかされました」

角谷が女子プロ野球選手たちに問いかけたメッセージ。

この言葉の真意を受け止めた女子プロ野球選手の多くが、「ジャパンカップがあったからこそ、プロの存在意義を自分たちに問いかけ、女子野球の普及や発展に対する使命感を持つことができた」と語っている。

この大会には、未来の女子野球界を支える人材育成の想いも角谷は込めていた。

だからこそ、角谷は試合結果だけに価値を見いだしてはいなかったのだ。
全ては『女の子の甲子園』を実現するために。

未来の女子野球界を担う人材育成 

ジャパンカップの開催は、女子野球の競技人口、そして高校の女子硬式野球部の創部を増やすために蒔かれた『種』であり、将来、女子野球界を支えていく選手たちの『人としての成長』も考えられたものだった。

新原は、当時、角谷が選手たちによく言っていた言葉も教えてくれた。

「角谷社長はよく私たちに『将来は自分たちが女子野球界を担っていく存在にならないといけないよ』と仰っていました。それは私たちが、プロで培った経験を次世代の野球少女たちに伝えていくこと。全国各地で元女子プロ野球選手たちが、指導者として女子野球界を支えていくこと。そんな願いを込めた言葉だったと思います」

現に今、角谷のこの言葉に込められた想いは受け継がれている。

新原をはじめ、元女子プロ野球選手たちが全国の高校で指導者となり、また社会人チームを自分たちで立ち上げるなど、後進の育成に励みながら女子野球界を引っ張っているのだ。

もし、試合に勝つことだけを角谷がプロの選手に求めていたら、現役引退後に指導者の道を歩み、女子野球界に今なお貢献する『人』は育っていなかっただろう。

インタビューに答えてくれた全ての元女子プロ野球選手たちが一様に語る「ジャパンカップが、そして女子プロ野球リーグが私たちを成長させてくれた」という言葉。

この言葉の背景には、未来の女子野球界につながる人材の育成を通じて、女子プロ野球選手たちが成長していく姿を応援していた角谷の深い愛情を感じとることができる。

角谷が選手たちにかけた、たった一つのメッセージ。

「あなたたちはプロですか。勝つことだけがこの大会の意味ですか」

この一言は、選手たちに『プロであるべきこと』の気づきを与えるだけでなく、プロ選手としての高い競技レベルへも彼女たちを導いた。

それは、今まで開催されたジャパンカップの大会結果を見れば一目瞭然である。第二回大会以降、全ての大会で女子プロ野球の球団が優勝を飾っているのだ。しかも得点差を大きく引き離し、圧倒的な力の差を見せての優勝である。

彼は、たった一言で女子プロ野球選手たちの『心技体』のレベルを向上させたのだ。

角谷が描いた『女の子の甲子園』を実現するためのストーリー。

▲ジャパンカップ開催時の大会パンフレット

それは、女子プロ野球リーグという一見華やかに見える舞台をつくることではない。

角谷がもっとも大事にしたのは、将来、女子野球界を担っていく『人の育成』だったのではないだろうか。

成功に導く勝ち癖

女子野球界に偉大な功績を積み重ねるなか、貴重な財産ともいえる人材育成に努めてきた角谷。

これまで角谷が女子野球界に講じてきた多くの手段の真相はほとんど語られることなく、時に誤解を招くことすらある。

しかし、彼と共に歩んできた者たちの言葉を紐解くと、必ず多くの者の想像を超える彼の真意、まさに『核心』にたどり着き、そのたびに驚かされる。

彼はなぜ多くのことを語らないのだろうか。

理解されずに誤解され、時に誹謗中傷を受けることさえあるが、なぜそのことについて言葉を発しないのだろうか。

おそらくそれは、見ている視点がまったく別物で、彼に見えている成功への道筋は、変化を好まない者たちにはなかなか理解が難しいことを今までの経験で知っているからだろう。

会社経営のなかで角谷が培った経験の一つに、成長する事業には共通する『癖』があるという。それは『勝ち癖』だ。何をやってもうまくいく人には、その勝ち癖、つまり成功に導く思考が備わり、また成功までの道筋が見えるそうだ。

女子野球が飛躍的な普及・発展を遂げ、『女の子の甲子園』が実現するまでのストーリーは、角谷の目には鮮明に映っていたのだ。

「時期尚早」と揶揄されながらも立ち上げた女子プロ野球リーグ。

「負けたらどうするのか」と案じる声にかまわず、開催を決意したジャパンカップ。

「女の子に野球は危険だ」と否定的な反応が返ってくるなか、それでも諦めず全国の高校に女子硬式野球部の創部を訴えた日々。

その一つひとつが、角谷がこれまでに培ってきた『勝ち癖』から導かれたストーリーだったのだ。

「青春を野球に捧げる女子高校球児たちに、甲子園で試合をさせてあげたい」

全ては、このたった一つの想いのために。

角谷が女子野球界に好循環、そして相乗効果を生み出した、プロとアマチュアチームの頂上決戦『女子野球ジャパンカップ』。

この大会は多くの者の心に残り、『女子野球を飛躍的な発展へと導いた大会』として、今も語り継がれている。

ジアム京都
女子プロ野球リーグ
野球ジャパンカップ

▲大会終了後、お互いの健闘を称え合い記念撮影に応じる女子野球選手たち

第7章

5つの布石

なぜ、これほどまでに多くの者が『女子野球普及の立役者・功労者』に角谷の名前を挙げるのだろう。

競技人口わずか六百人、女子硬式野球部のある高校もわずか全国で五校しかなかった時代に、女子プロ野球リーグを創設した角谷の功績はたしかに計り知れない。

歴史を紐解けば紐解くほど、彼がこれまでに女子野球を世の中に浸透させた〝仕掛け〟が見えてくる。それは、単に『女子プロ野球リーグをつくった男』だけで語り終えるには不釣り合いな功績、そして戦略だった。

実は以前、角谷は自身が経営する会社の成長を記録した書籍を出版している。事業成長のノウハウを一切隠すことなく一冊の書籍に記したのだ。その理由は「会社経営で悩んでいる人のヒントになれば」という想いからきており、まさに彼の人格を表している。

次の世代につなげる純粋な想い

女子プロ野球リーグの歩みのなかで、角谷が女子野球を成功に導いた数々の手腕。それは彼が以前出版した書籍と同じように、プロスポーツの世界だけでなく、あらゆる会社の事業成長のヒントが詰まっている。それは次の５つだ。

その一……「地域密着」
その二……「パートナー関係」
その三……「メディア戦略」
その四……「将来を見据えた人材育成」
その五……「競技人口の拡大」

夢を現実に変えた５つの布石。
ここに共通する考え方は、「現在ではなく、未来」。

いかに次の世代につながる種を蒔くか。そして、そのすべての行動は「女子高校球児たちに甲子園で試合をさせてあげたい」という純粋な想いから始まっていた。

布石その一「地域密着」

女子プロ野球リーグの開幕前から角谷が、リーグ運営を任せていた代表理事の片桐諭や球団スタッフらに伝えつづけた〝成功へと導くアドバイス〟。

それは、「地域に必要とされ愛されるリーグ、球団にしなければいけない」という言葉である。

しかし、開幕当時の運営は、まさに素人集団による手探り状態。集客の仕方から来場者の対応、試合結果の情報発信に至るまで、未経験のことに四苦八苦していた。

その結果、ホームページの問い合わせフォームには連日、様々な改善を求める声、そして時には辛辣(しんらつ)な意見が寄せられていた。

「選手は頑張っているけど運営がひどい」

「一生懸命なのはわかるが、進行や段取りが悪すぎる」

寄せられた一つひとつの声に向き合い取り組むものの追いつかないスタッフたち。いつの間にか、リーグ代表者の片桐や球団代表者までもが試合運営に付きっきりになってしまっていた。

そんな様子を見ていた角谷から、片桐と各球団代表へある提案がなされた。

「現場を離れて、本場のアメリカで学んできたらどうか」

それを聞いた片桐は驚きと焦りを感じたという。それもそのはず、角谷が提案した時期はリーグ二年目の夏、シーズン真っ只中でもっとも多忙を極めるタイミングだったのだ。

片桐は当時のことをこのように振り返った。

「あのころは、試合に追われる日々でした。

▲片桐が本場アメリカのスタジアムの様子を撮影した写真

試合が終われば次の試合準備の繰り返し。いつの間にか、こなすことだけに必死になっていたんです。それを感じ取ってくれた角谷社長が『君たちのするべきことはそんなことではないよ』と伝えてくれました。だからこそ、あのタイミングで一度、現場を離れるチャンスをくださったのだと思います」

実際、約一カ月もの間、片桐らは国内を離れアメリカ独立リーグの『ランカスター・バーンストーマーズ』、そしてマイナーリーグの『ウィルミントン・ブルーロックス』の二球団で働きながら、地域に根づく本場の興行スタイルを学んだ。

そこで見た光景は、片桐らが抱いていた想像をはるかに超えるものだったという。

「お世話になった二球団は、我々ができていなかったことのすべてを実現していました。お金をかけなくても自分たちで工夫し、地域の人たちが集まる空間を作っていたんです。〝ボールパーク〟と言われる所以を実感しました。家族連れで遊びに来たり、球場で誕生日会を開催したり、バーベキューを楽しんだり。地域の人にとって、球場はコミュニティの場であり楽しい場所であることが伝わってきました。そのほかに、インターンシップを多く取り入れ、学生が試合運営に参加することで単位取得ができるなど、球団と地域の大学や企業が連携していることも印象的でした。とにかく彼らの中心には『地域』があり、地域と一緒に盛り上げていこうとする考えや姿勢があったんです。まさに、角谷社長から再三アドバイスをもらっていた地域密着です。それを肌で体験することができました」

片桐らは帰国後すぐに球団スタッフを集め、これまでの集客方法や運営スタイルの改善に着手した。試合当日のイベントや飲食ブースには地域の飲食店や企業に参加してもらい、球場には選手やスタッフが手づくりで作成したウェルカムボードなどで装飾するなど、自分たちで工夫しながら取り組み始めた。

すべては、地域に必要とされ愛されるリーグ、球団にす

▲球団スタッフ・選手たちの手づくりブース

▲選手考案のイベントも選手自ら案内ボードを作成し紹介

るために。

普段、リーグ運営を片桐らに任せていた角谷は、多くのことに口を挟まない。しかし、地域密着そして地域の貢献についてだけは、即座に判断し助言や提案をおこなっていた。

それは、予期せぬ自然災害に見舞われたときも同様だった。

二〇一一年、東北地方を中心に未曾有（みぞう）の被害を引き起こした東日本大震災時には、選手スタッフらが現地に直接足を運び支援活動に励み、翌年仙台で復興支援チャリティーマッチを開催している。

さらに、二〇一四年の京都府福知山市・兵庫県丹波市の集中豪雨被害においても、土砂や浸水の被害を受けた世帯に対して、選手スタッフら総出で数日をかけて泥除

▲震災時に土砂撤去など復旧支援活動に励む選手たち

去や瓦礫撤去などに協力している。その年に復興を願い丹波で開催された試合は、地元の人たちで観客席が埋め尽くされた。

「あのときは、助けてくれてありがとうね」と、グラウンドにいる選手たちにスタンドから声をかける老夫婦の姿が印象的なシーンとして、選手や球団スタッフたちの記憶に残っている。

　角谷が時折おこなうアドバイス。それは、すべて利他的なものである。地域に必要とされ愛されるリーグ、球団を実現するための大切な考え。それは「人のため、地域・世の中のため」であった。

　その教えを一つひとつ行動に変えていくことで、女子プロ野球リーグのホームページの問い合わせフォームには、不思議なほどに地域の人たちから心温まる応援メッセージが増えていった。

▲地域密着を掲げ活動した女子プロ野球リーグの試合開催時の様子

布石その二「パートナー関係」

これまで一代で事業を大きく成長させてきた角谷。
彼と共に歩んだ者たちが共通して語る角谷の人柄を表すこんな言葉がある。それは「誰に対しても〝平等〟な人」という言葉だ。

角谷の経営する会社では、取引関係のある企業を「パートナー企業」と言い、決して業者や取引先などとは言わないそうだ。そしてアルバイト社員のことも「パートナー」と呼ぶ。
彼は関わる人すべてに敬意を払い、対等の関係でこそ良いアイデアや新しいサービスが生み出せることを経験のなかで熟知していた。だからこそ、角谷は女子野球の世界においても、女子野球のあらゆる団体や機関との友好的関係を築くための努力を惜しまなかった。

彼が描きつづけた女子野球の未来、『女の子の甲子園』を実現するために大切にしたパートナー関係。それを象徴する試合が二〇一二年四月二十三日に開催されている。

その始まりは、ある日、女子プロ野球機構の事務所に鳴った一本の電話から動き出した。受話器を取った片桐にアマチュア女子野球のある団体から協力要請の連絡が入ったのだ。

その内容は、カナダで開催される女子野球ワールドカップに備えて、「日本代表候補チームの強化試合として、プロの選抜チームと対戦させてくれないか」というものだった。

電話を切った片桐の脳裏に真っ先に浮かんだのは、「日本代表はアマチュアと言っても、ワールドカップ連覇を遂げている世界一のチーム。それに対して、まだプロは三年目に差し掛かろうとしている成長段階のレベル。万が一、プロが負けるようなことがあったら、女子プロ野球の価値がなくなってしまう。この申し出を受けるべきか断るべきか……」という迷いだったそうだ。

しかし、片桐から相談を持ち掛けられた角谷は即答した。

「プロリーグ代表としての片桐君の気持ちはわかるけど、肝心なことを忘れているよ。どちらが勝とうが負けようがお互いにとって良い経験になるから勝敗は二の次。何よりプロとアマチュアが交流してこそ女子野球の裾野が広がるからね。素晴らしいチャンスじゃないか。ぜひやろう」

大人たちが勝手につくり上げる団体間の「壁」。

角谷はこの壁が同じように女子野球界で生まれると「未来はない」と考えていた。彼は純粋に「女子野球を広め、女子高校球児たちが甲子園で試合をする時代をつくりたい」と願っていたのだ。そのためには同じ目標に向かって、女子野球に携わる団体や関係者、つまり大人たちが協力し合うことの必要性をつよく感じていたのである。

そうして実現したプロ選抜チームと日本代表チームの壮行試合。ダブルヘッダーでおこなわれた試合結果は、詰めかけた報道関係者の予想や片桐の心配をよそにプロが二試合とも圧勝（一試合目6－1、二試合目9－0）している。

誰もが予想していた試合展開と真逆になったため、スタンドの熱気はかつて無いほどの盛り上がりを見せた。

試合後、静まり返ったグラウンドは日が暮れかけ、夕陽が差し込む日本代表チーム側のベンチには、悔しさに泣き崩れるアマチュア選手たちがいた。

二試合を観戦し、アマチュア選手たちのその姿を見守っていた角谷は心の中でこう誓った。

「プロの選手は野球に専念できる環境、そして注目されるなかで野球ができているからこそ、この二年で見違えるほどの成長を遂げることができた。ただ、アマチュアの選手たちはまだまだ満足に大好きな野球ができるような境遇にはないんだ。もっと彼女たちや次の世代の女の子たちが野球に打ち込める時代、彼女たちにも脚光があたる環境をつくってあげないといけない。彼女たちのためにできることは何でも協力しよう」

これまでも十分なほど多方面で女子野球をサポートしていた角谷であったが、この日を境に、さらに女子野球の関係各所への支援に力を注ぎ始めた。

毎年開催される女子高校野球の大会には、女子プロ野球選手やスタッフらを大会運営の協力に送り出し、小学生の女子野球大会を開催する団体が球場確保で困っていることを耳にすると、自分たちが抑えていた球場を提供するなどありとあらゆる協力を惜しまなかった。

それはすべて、女子野球の発展を願う人たちとのパートナー関係を築いてこそ、『女の子の甲子園』は実現すると考えていたからである。

しかし、これだけに留まらないところが彼の凄さである。

あの試合後、心に誓ったとおり、次に彼が動いたのはアマチュア選手たちにも注目が集まり、女子野球の裾野まで世の中に広く知れ渡るための戦略だったのだ。

試合後、ベンチの中でアマチュア選手たちが流した涙。

その涙が角谷をさらに前へ突き動かした。

布石その三「メディア戦略」

壮行試合をおこなった二〇一二年。

女子野球ワールドカップがカナダのエドモントンで開催されたが、この大会は世界にインターネットで配信されている。

このことが、女子野球の存在を広く世に伝える起爆剤となったのだが、当時の女子野球の規模や認知度からすると非常に異例のことだった。

実は、この世界配信を実現したのも角谷なのである。


壮行試合を終えた後、アマチュア選手たちの姿に心を打たれた角谷は、彼女たちがプレーする女子野球ワールドカップを世界に配信するために、インターネット業界世界一のＧｏｏｇｌｅアメリカ本社まで直談判しに行ったのだ。

当然、急に訪問しても決裁権のある人物に取り次いでもらえないことをわかっていた角谷は、これまでの伝手を頼りに少しずつ協力を募り、ようやくＧｏｏｇｌｅの当時ナンバー3といわれる人物に会うことができた。

商談冒頭は、なかなか首を縦に振ってもらえなかったが、角谷の熱意に押されたその人物は、最後にはスマイルで握手を求めてきてくれるほど角谷の想いを受け止めてくれたそうだ。

こうして女子野球ワールドカップの世界配信が実現し、白球を追いかける女子選手たちの姿が国籍問わず多くの人の心を動かした。その画面には、あの試合で敗れて涙していた日本代表の女子野球選手たちの笑顔も映し出されていた。

この歴史上類を見ない女子野球の世界配信は、これまであらゆるメジャースポーツの配信をおこなってきたＧｏｏｇｌｅの担当者すら予想をはるかに超える視聴人数だったそうだ。

さらに、角谷の「アマチュア選手たちにも注目が集まり、彼女たちの環境が良くなるために全面協力する」という誓いに基づくメディア戦略はこれだけに留まらなかった。

その一つとして、雑誌連載で人気を博しアニメ化された高校野球漫画『クロスゲーム』の番組内に、『青葉を探せ』というコーナーをつくり、女子高校野球部の選手たちのインタビューやプレー姿を紹介したことは、大きな反響を生んだ。

それは、その漫画の登場人物である〝青葉〟が、女の子であるが故に公式戦に出場できない葛藤を抱える女子野球選手であったことと、『青葉を探せ』のコーナーで登場する実在の女子選手たちがまさにリンクし、視聴者の心を大きく突き動かしたからである。

当時、駒沢学園女子高校で『青葉を探せ』に出演し、その先、女子プロ野球選手として活躍した田口紗帆（たぐちさほ）がこのように振り返ってくれた。

「撮影は学校のグラウンドでおこなわれるということで、取材の方々が来るのを待っている間、部員みんな初めてのことにソワソワしていました。私たちがテレビに出演するなんて当然これまでなかったですから。でも、撮影が始まると、みんないつも以上に張りきって声を出したり（笑）。私はインタビューもしていただいて、それがテレビに映ったときは母や祖母、親戚が大喜びしてくれたことを覚えています。『女子野球をしていて良かったね』って」

そのインタビューで田口が答えた〝将来の夢〟。それが、実に当時の環境やそこから急成長を遂げた女子野球の時代背景を映し出すものだった。

「あのとき、インタビューで『あなたの将来の夢は？』と聞かれて、私は『〝指導者〟で甲子園に出たい』って答えたんです。当時は女の子が甲子園のグラウンドに足を踏み入れることさえ許されませんでしたし、プレーなんて尚更……。それでも甲子園に夢を抱いていたんです。だから、自分が大人になるころには、指導者であれば甲子園に出られると考えていたんでしょうね。女の子にとって甲子園は夢のまた夢でしたから」

▲子どもたちに野球教室をする田口紗帆

『青葉を探せ』のコーナーで田口ら女子高校球児が全国に届けた言葉は、多くの視聴者の心に残り、そして時代はゆっくりと前に動き出していった。

角谷はこれまで自身の事業で培ったマーケティングを次のように表現することがある。それは「マーケティングとは人の心を動かすこと」。

彼は一過性のブームではなく、女子野球選手たちの姿や言動を人の心に深く届けることで、長く継続する新しい時代をつくることができると考えていたのだろう。だからこそ、メディアの力を最大限に活用し、国内そして世界へ女子野球の存在を広く伝えつづけたのだ。

布石その四「将来を見据えた人材育成」

二〇一〇年に京都・兵庫を本拠地とする二球団で開幕した女子プロ野球リーグは、その後、急速なスピードで球団数を増やし全国へ展開している。開幕から三年目に大阪、四年目に埼玉に新球団をつくり、そして六年目となる二〇一五年には東北地方初

▲東北レイア誕生時に出した、アカデミーコース生の募集広告

▲東北地方初の球団『東北レイア』の選手たち

となる球団・東北レイア（本拠地・宮城県）を誕生させている。

この全国への球団設立の背景には、女子野球の認知を国内全域に広げていくという狙いも当然あったものの、単純にそれだけではなかったところが角谷の功績に称賛がおくられる理由の一つだ。それが『将来を見据えた人材育成』である。

その必要性を彼は、女子プロ野球開幕当時にはなかったプロとアマチュア選手たちの技術の差が年々大きく開いていく状態から感じとっていた。

一見、多くの者からするとそれは喜ばしい結果ととらえるが、角谷の考えは違った。彼はこの事態をこのように危惧していた。

「このままだと、プロは野球の上手な一部のエリートだけが入れる高い壁になってしまう」

角谷は女子野球と初めて出会った二〇〇七年、女子高校球児が呟いた「この先、野球ができる環境がないので諦めるしかない」という一言から、彼女たちの受け皿となる女子プロ野球リーグの創設を決意し、ここまで進めてきた。

ただ、それから数年後、毎年おこなう入団テストでも、実力だけで選考するとプロのレベルに到達している選手は少なく、それだと特に高校生の道は途絶えてしまう。

そこで彼は、球団数を増やし入団できる選手の人数枠を広げていった。

特に注目すべきは、東北レイアを育成球団と位置づけ、実力がまだプロのレベルに至っていない高卒の選手も多く受け入れ、「自分たちで育てる」という考えのもと、女の子たちの野球人生をサポートした点である。

高校で目立った成績を収めていない選手であっても、東北レイアへの入団を認めチャンスを与えることで、その後、プロの世界で大活躍を遂げた選手を育てることにも成功した。

▲人材育成の一環でもあった地元の子どもたちとの交流

そして、今や日本代表候補選手の一覧には、そのころの東北レイア出身の選手たちの名前が並んでいる。

角谷は将来を見据えた人材育成こそが、女子野球の普及・発展には欠かせない大事な布石の一つとして考えていたのだ。

その想いと行動こそが、今の女子野球の礎となっていることは間違いのない真実である。

布石その五「競技人口の拡大」

一時代を築いた元女子プロ野球選手たちが喜びを感じる瞬間には共通点がある。

それは、当時幼かった女の子たちが高校で野球をしている姿を見ることだそうだ。

たしかに女子プロ野球の歴史には十年以上もの月日が流れ、当時小学生だった子どもたちはちょうど高校生になるころである。

元女子プロ野球選手たちのなかには、連絡を頻繁に取り合うほど親しい関係を継続しているケースもあるという。

そこにも、角谷が女子野球の競技人口を飛躍的に増加させた手腕が隠れていた。

そのことについて田口はこのように語っている。

「私たちはシーズン中、試合日であっても開催地域の女の子たちへの野球教室を大切にしていました。まったくの未経験者でも大歓迎でボール遊びから始めるんです。そして、子どもたちだけでなく子育てに励むお母さんや、野球未経験のお父さんにもキャッチボール教室をしていました。親が子どものキャッチボール相手になれることは、野球好きの女の子を増やすきっかけになりますからね」

実は、角谷は女子プロ野球選手たちに多くのことを望まなかった。唯一、選手たちにお願いしていたことは「野球教室を大切にしてほしい」。ただ、それだけだった。

野球教室こそが、女子野球の競技人口を増やし、その先

▲女子プロ野球選手が女の子に野球教室をする様子

に女子硬式野球部をつくる高校数増加のきっかけとなる大きな一手になると考えていたのだ。

福知山成美高校、岐阜第一高校、そして駒大苫小牧高校などの女子高校野球部創部にも尽力してきた角谷が、女子プロ野球選手たちに協力を仰いだのは、幼い子どもたちのための野球教室だけだった。実際、角谷と志を共にした女子プロ野球選手たちは、多いときには一年で八百回以上の野球教室を開催し、年間四万人近くの子どもたちに野球教室を実施していた。これは、どのプロスポーツ界と比較しても極めて高い実績である。

そして今、そのときの子どもたちが全国各地の女子硬式野球部で白球を追いかけている。

▲駒大苫小牧高校の女子硬式野球部創部の記者会見に出席する太田幸司スーパーバイザー（写真左）

成長を遂げた十年、そして決断の刻（とき）

角谷が女子野球と出会い、『女の子の甲子園』を叶えるために創設した女子プロ野球リーグ。その軌跡のなかに隠されていた彼が投じた〝夢・実現〟のための5つの布石。

それが大きな相乗効果を生み、実り始めた二〇一九年。

そのときすでに、女子プロ野球リーグを開幕してから十年の歳月が流れようとしていた。

「十年つづけることで時代は動く」

当初から、そのように言っていた角谷が描いたとおり、十年が経ったころには競技人口も飛躍的に増加し、女子硬式野球部をつくる高校が後を絶たないほど時代に変革が起きていた。

しかし、その代償はあまりにも大きかった。

リーグ経営は毎年大きなマイナスがつづき、積み重なった赤字は膨大なものになっていた。

〝存続か撤退か〟

時代が動き始め、もう少しで『女の子の甲子園』という夢の舞台が実現する、このタイミングで……。

〝決断の刻〟は迫っていた。

「百億円の赤字、女子プロ野球撤退か⁉」

さまざまなメディアにこのような見出しが躍り、世論からは「もう十分、やってくれた」「ここまでやってくれたことに感謝しかない」などの声が上がるなか、角谷だけは前に進める覚悟を決めていた。

「女の子の甲子園が実現するまで、女子プロ野球は継続する」

その決断に一点の曇りもなかったのだ。


ただ、今までと同じやり方ではつづけることはできない。

そこで、角谷は共に歩んだ者たちと大きな改革に着手した。

これまでの運営方法や試合形式、そして球団・リーグの運営体制は費用削減を目的に大きく見直し、さらに球団拠点を一箇所に集めるなどして再起を図る計画を打ち出した。

そのなかでも選手の年俸制度改革だけは費用を抑えることに目的を置かず、成績に応じた成果主義制度の導入を決めた。さらに、個人成績以外にもチーム優勝、集客目標達成などにも報酬が加算される仕組みに変えていった。なぜなら、選手がこれまで以上に高いパフォーマンスを発揮し、野球少女の憧れであってほしいと願ったからである。

すべては女子プロ野球リーグを継続するため、つまり『女の子の甲子園』を実現するための道を途絶えさせないためだった。

しかし、多くの者は変化を好まず、物事の本質に目が向かないことは、よくあることである。これらの改革には反発する声もあがった。

球団拠点を一箇所に集約することに対しては、「そんなのはプロじゃない」「地元にいないなら応援しない」などの声が寄せられ、試合数確保と球場利用料の観点から一日二試合制とする試合形式の変更などにも抗議や不安視する意見が殺到した。

残念なことに、球団を去ると決めた選手たちも現れ始めた。

そのなかには元々引退を決意していた選手も多くいたが、活躍していた選手にも及んだ。

その事態に、週刊誌は事実を捻じ曲げた表現で読者を煽（あお）り、あたかも角谷が悪者であるかのように仕立て上げていった。

元女子プロ野球選手の田口は、当時の記事に心を痛めた過去を思い出し語ってくれた。

「年俸制度改革の話を聞いたとき、いちばんに思ったのは『こんなにも赤字がつづくなかでも女子プロ野球を継続してくれるんだ』という感謝でした。しかも、その改革内容は、『選手たちにプロとしての自覚ややりがいをさらに持ってほしい』という気持ちが伝わるものでしたから、成績を残せる選手にとっては非常に良い内容でした。それにも関わらず、退団する人数を面白おかしく取り上げ、ここまで守ってきてくれた角谷社長を悪く書く週刊誌。『選手の話によると……。関係者の話によると……』。そんな言葉であたかも真実のように伝えるメディアの怖さを知りました。記事の内容は、事実とあまりにも違いすぎました。選手やスタッフが言っていないことは内部にいればわかります。ただ、一般の方にはわからない。そして、その間違った情報で女子プロ野球や女子野球を知った人も多くいるのが現状です。それが何よりも悔しかったです。こんな形で女子野球を知ってほしくなかった……」

一部の週刊誌が角谷に突きつけた記事には、真実とあまりにもかけ離れた文字が埋め尽くされていたのだ。

新たな時代を切り拓く者には、邪魔立てする者や面白く思わない者が現れることを角谷はこれまでの経験でよく知っていた。

だからこそ、角谷は騒々しく心配する周りの者たちをよそに、惑わされることなく改革に賛同してくれる選手たちと前へ進みつづけた。

二〇一九年、女子プロ野球リーグ十年目の角谷の決断。

「女の子の甲子園が実現するまで、女子プロ野球は継続する」

真実を捻じ曲げた週刊誌に屈することなく貫いたこの決断。

これこそが、遂に『女の子の甲子園』という夢の扉を開けるものとなる。

女子野球の未来、新たな時代が動き出す瞬間がまさに今、角谷、そして角谷と共に歩んだ者たちに近づいていた。

第8章

継承

「十年つづけることで時代は動く」

この角谷の言葉どおり、彼が『女の子の甲子園』を叶えるために二〇〇九年に創設した女子プロ野球リーグが十年経ったころ、女子野球の競技人口は飛躍的に増加し、女子硬式野球部を創部する高校が後を絶たないほど、時代が動き始めていた。

しかし、その代償はあまりにも大きく、リーグ経営のために積み重ねた赤字は膨大なものに……。

そして、メディアにはこのような見出しが躍った。

「百億円の赤字」

「女子プロ野球リーグ、存続か撤退か⁉」

世の中が騒ぎ立てるなか、迫られる〝決断の刻〟。

ただ角谷の決断には一点の曇りもなく、次の一言だけでざわつく周囲を鎮めた。

「女子プロ野球リーグは継続する」

これほどまでに角谷を突き動かすもの。
それは「女の子の甲子園を実現させる」、この信念である。

のちに角谷は、「なぜ女子野球界のためにそこまで尽力できるのですか」という質問に対して、このように答えている。

「女子野球と出会って、恵まれない環境にいる選手たちを知りました。それは私にとって、目の前にある問題に直面した瞬間。だから困っている女の子たちにできることをしたい、ただそれだけだったんです」

多くの者にとっては、この想いだけでまったく見返りを求めずリスクを負い、女子野球界のために女子プロ野球リーグを創設、そして守りつづけた男を理解し難いかもしれない。

しかし、彼にとっては「目の前に人が倒れていたら助

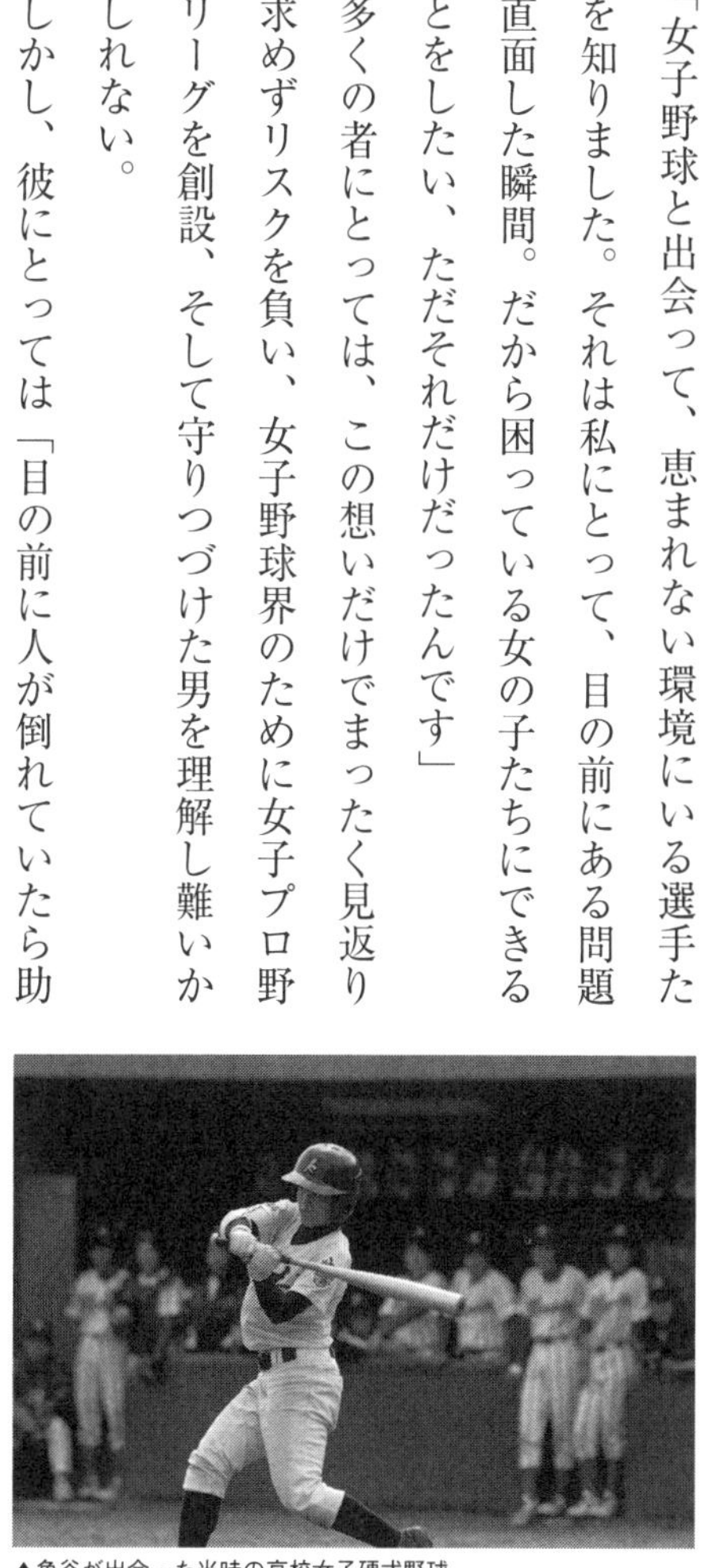

▲角谷が出会った当時の高校女子硬式野球

ける」と同じくらい、目の前に直面した女子野球の現状を放っておけなかったのだろう。

そんな彼の純粋な想いとは裏腹に、多くの誤解や憶測も飛び交った。

その一つが、「女子プロ野球リーグに参入したい企業があるのに、自社で独占するために断っている」というものである。

女子プロ野球の存在意義 

たしかに、これまで複数の企業が参入を希望し、角谷や女子プロ野球リーグの代表者らと協議を重ねてきたことは事実である。

そのなかでも、ある企業との話し合いは、正式に新球団を参入させる方向で具体的な段階まで進んでいたが、その話は実現に至らなかった。

なぜならそれは、その参入を希望する企業の「もっとビジネスとして利益を出すために運営しましょう」という一言に、目指すべき方向性の違いを強く感じたからである。

角谷はこれまで、ビジネスとして利益を求めるために女子プロ野球リーグの創設、そして運営をしてきたわけではない。

ただ一心に「女の子の甲子園を実現したい」『女子野球選手たちに目指すべき道や舞台をつくってあげたい」という想いだけで、前進しつづけてきた。

一方で、声を掛けてきた企業は女子野球をビジネスの一環として捉え、参入を図ってきたのである。

当然ながら、角谷は共に女子野球界の発展を願い、参入する企業が増えることを快く迎え入れる気持ちでいた。

「ビジネスとして利益を出すために……」

この言葉を聞いた女子プロ野球リーグ関係者らは、不信感や憤りなどの入り交じった感情がこみ上げていた。

しかし角谷は違った。このときも、こんな言葉だけを残している。

「あの人たちの言っている事は間違っていないよ。経営者として女子野球に携わるなら、利益を考えることが正しいのかもしれない。ただ、私はそうはなれないんだ」

女子プロ野球リーグの存在意義。

女子プロ野球リーグは誰のためのものなのか。

彼はいつも「女子プロ野球リーグを私物化してはいけない。野球少女のため、そして地域や社会のために存在しなければならない」と語っていたのである。

明日が約束されない命 

これまでにも綴ってきたとおり、角谷は六歳のときに両親が離婚。その後は母方の祖母に育てられた。

その環境は決して恵まれたものではなく、学費や生活費を稼ぐために学校に内緒で新聞配達をしながら必死に生き抜いてきた。

そんななか、小学四年生のときに事故で負った怪我の後遺症が原因で、念願の大学合格を果たした直後、彼に下された脳腫瘍の宣告。「命の保障はできない」と医師から言われ臨んだ十七時間にも及ぶ大手術。

生か死か――。

手術後、病院のベッドで朦朧とする意識のなか、聞き慣れた看護師や医師の声で目を覚ましたが、右目が見えない……。

彼は命と引き換えに、右目の視野を奪ったのだ。

そのとき、角谷の人生から希望が消えた。弱冠十八歳の少年には受け入れ難い現実だった……。

幼いころから人の何倍もの苦労を経験してきた角谷だったが、手術の後遺症はこの後も彼を苦しめつづけた。

原因がわからない病で何度も入退院を繰り返す人生。

彼は常に「死」と隣り合わせの日々を必死に生きてきたからこそ、こう語る。

「明日が当たり前にあると思えないんです。だから私の人生『明日やろう』がないんですよ。明日がないかもしれない自分のためではなく、人のために今、何かできないか。それだけなんです」と。


彼が女子野球界のために投じてきたあらゆる活動、そして功績の数々はこの言葉に凝縮されている。

「自分のため、利益や見返りのために」が一切ないのだ。

「明日がないかもしれない」と思うからこそ、彼の判断や行動のスピードはあまりにも早く、そのために周囲の理解が追いつかないことも多かった。

角谷をよく知る関係者も彼をこのように表現している。

「角谷社長は第六感、第七感など他の人にはない感覚が研ぎ澄まされているような気がします。だから普通の人であれば、『あーでもない、こうでもない』『こっちの方がいいかも』と悩むところでも、成功するまでの道筋、目標にたどり着くためのストーリーが見えていて行動が早いのだと思います。いつも時代が後から必死に追いついてくる感じですね」

たしかに角谷は、これまでビジネスの世界や母校の学園再生などでも、前例のない数多くの成功を、他の者が思いつかないアイデアや方法で開拓し成し遂げている。

彼は間違いなく、時代が追いつけないほどのスピードで走りつづけてきたのだ。

そのほかにも、当時は周囲の理解を得られず、角谷が去ったのちに彼の提案したアイデアをもとに実現に至ったケースも数知れず、女子野球界においても、実は彼が昔から提案しつづけていたアイデアがそのまま導入され、歴史的な試合が実現されている。

これまで語られることのなかったその真実が今、ここで明らかになる。

歴史が動いた日 

二〇二一年四月二十八日。

高校女子野球の選手権大会決勝戦が、甲子園で開催されることが正式に発表された。

開催日は、全国高校野球選手権大会中の休養日、八月二十二日(雨天順延により最終八月二十三日に開催)。

男子の高校野球では、酷暑のなか戦う選手の健康面を考慮し二〇一三年から休養日が導入され、十九年にはその日数の見直しがされた。この甲子園球場が空く休養日に高校女子野球の決勝戦を開催するというのだ。

この朗報は、長い歳月をかけ念願が叶った女子プロ野球リーグのスタッフや選手たち、そして関係者すべてにとって喜びと驚きをもたらした。

しかし、この『女の子の甲子園』を実現させた立役者である角谷だけは、どこか冷静に発表された記事に目を通していた。

その理由を、角谷の側近とも言える松浪宏二（まつなみこうじ）がこのように語っている。

「男子の高校野球に休養日が導入され始めたころ、角谷社長は女の子の大会を甲子園で実現させるために、ある団体の事務所へ足を運ばれています。その際、角谷社長は開催するための方法などのアイデアを盛り込んだ提案資料を自らつくっておられました。実はその資料に記されていた内容は、発表された女子高校野球の甲子園開催の方法とまったく一緒だったんです。

ですから、おそらく角谷社長にとっては『来るべきときが来た』という感じだったのではないでしょうか。その事実を知らない方にとっては突然の報せでしたが、角谷社長にとっては全て想定内だったんです」

なんと、まず決勝戦だけを甲子園でおこなうことも、休養日を利用すれば開催が実現できることもすべて角谷が提案した内容と一緒だったというのである。

だからこそ、朗報に周囲が歓喜するなかで、角谷だけはその発表を喜びつつも静かに受け止めたようだ。

松浪はさらにこのようにつづけた。

「ただ、私はどこか釈然としない気持ちでした。なぜなら当時、足を運び提案をした翌日あたりに、その内容が新聞に『女の子の甲子園が実現』といった見出しで掲載されたんです。すると、ある野球関係者や団体からは、『一企業が出しゃばるな』『角谷が新聞社にリークしたんだろ』などの批判が角谷社長に対して始まりました。もちろん、こちらから公表することはあり得ません。どこか納得できない気持ちもありましたが、私は角谷社長が純粋に喜ばれている姿に器の大きさを感じました」

実際のところ、角谷が以前提案した内容と開催方式が同じだったとしても、それを参考に導入したかどうかはわからない。
ただ明らかなのは、やはり角谷は先見の明を持ち、突出したアイデア力と行動力で先頭を走り、そして時代や周囲の理解が後から追いついてきたということである。

そして、二〇二一年八月二十三日。
女子野球の新たな一ページとなる、歴史的な試合が開催された。
遂に、女子高校球児が甲子園の土に足を踏み入れたのだ。

午後五時、プレイボール。
真っ黒に日焼けした女子選手たちの笑顔が、甲子園に降り注ぐ西日に照らされ輝いた。
高校球児の聖地で野球のユニフォームを着た女子高校

▲甲子園で行われた決勝戦。神戸弘陵高校が記念すべき1点目を挙げた

生が、体を張った泥だらけのプレーで白球を追いかけている。

待ち望んだ夢の舞台の実現を、角谷と共に女子野球の礎を築いた者たちはどのように見たのだろうか。

女子プロ野球リーグの代表理事を務めた片桐諭はこのように語る。

「数年前までは、女子マネージャーがグラウンドに入っただけで大騒ぎするような時代。それが今では、女の子が甲子園でプレーできるようになったんですから驚きですよね。女の子が野球をすることが認められた瞬間、女子野球の歴史に大きな足跡（そくせき）を残す試合ですから感慨深いものを感じました。

ただ、これは偶然ではなく必然的な出来事。角谷社長が二〇〇七年に女子野球と出会ったその日から、時代は動き始めていたんです。『まずは女の子の決勝戦だけでも甲子園で』というのは、角谷社長が当初から仰っていたことです。それがそのまま実現したんですからね。

これまで関わってきた我々からすると、いちばんに頭に浮かんだのは角谷社長のことじゃないですかね。それだけ女子野球のために先頭を走りつづけてこられたということをみんな知っていますから」

片桐が言うとおり、甲子園でプレーする女子選手たちの姿を見て、角谷とのこれまでの歩みを思い出した者は多かったようだ。

太田幸司もその一人だった。

スーパーバイザーを務めた太田は、女の子たちが甲子園でプレーする姿を見てこのように思ったという。

「この舞台の実現に向けて動きつづけた一人の男がいた。それをこの子たちは知らない。そして知る必要もないのかも知れない。それがまた格好いいじゃないですか。『歴史をつくる人』っていうのは、こういう人なんだろうな』と角谷社長と話をするといつも思うんです。情熱がすごいんですよ。心のままに動くっていうのかな。

▲夢だった甲子園で笑顔を絶やさずにプレーした女子高校球児たち

▲史上初の甲子園での頂上決戦。高知中央高校を4-0で破り、5年ぶり2度目の優勝を果たした神戸弘陵高校

たしかに多くの方の尽力があって実現した試合ではあると思います。ただ、角谷社長が女子野球と出会わなければ、こんなにも早く女の子が甲子園でプレーする時代はやってこなかった。だって、私が角谷社長に誘われて女子野球を見に行った十数年前は、競技人口がわずか六百人にも満たないし、女子硬式野球部のある高校も一桁でしたからね。想像もつかない未来を当時から描けていたんでしょうね。

だから、甲子園で女の子たちがプレーをする姿を見ながら頭に浮かんだのは、『角谷社長も見ているかな。遂に実現しましたね』という気持ちでしたね」

女の子の甲子園

誰も描くことすらできなかった時代に、一つの夢をつくった男、そしてその夢に賛同し共に歩んだ者たち。

そこには目に見えない確かな絆があった――。

もしかしたら、角谷ともっとも絆がつながっていたのは女子野球選手だったのかもしれない。

そう思える、角谷とのエピソードや思い出を元女子プロ野球選手の田口紗帆が語ってくれた。

「角谷社長は何があっても私たち選手を信じてくれました。そして、女子野球の可能性を信じてくれていました。女子プロ野球の試合で、どれだけ来場者数が少ない日がつづいても、私たちが野球をする環境を守り抜いてくれたんです。『大丈夫、大丈夫』って。

私は高校二年生のころに父親を亡くしていたこともあって、試合を観に来てくれて温かい声をかけてくれる、そんな角谷社長が父親の姿に重なったんですよね。特別な存在です。

それは他の選手たちにとっても同じだったと思います。球場で角谷社長の姿が見えたら、選手たちはもう大喜びです。実は、選手の間で『角谷社長と握手したら運が上がる。成績が良くなる』っていう噂があって、角谷社長が来てくれると選手はみんな握手してもらいに行くんです。そしたら、角谷社長は一人ひとりの選手と握手をしながら、『この前のあのプレーは良かったね』とか、『もうちょっとで打率が何割だね』など声をかけてくれるんですよね。本当に一人ひとりをよく見てくださっていることが伝わる瞬間でもありました。

だから、選手は『運が上がる』っていうのは口実で、本当は褒めてほしくて角谷社長のところへ行っていたんじゃないかな。選手たちは誰よりも角谷社長から褒めてほしいと思っていたんです。だって、自分たちが大好きな野球、女子野球を誰よりも信じて応援してくれる方ですからね。

一部の週刊誌が女子プロ野球に否定的な記事を載せたときも、角谷社長は矢面に立って選手たちを守ってくれました。記事の一文に『女子プロ野球選手曰く』など、あたかも女子プロ野球選手が告発したような書き方であっても選手たちを信じてくれました。『君たちじゃない

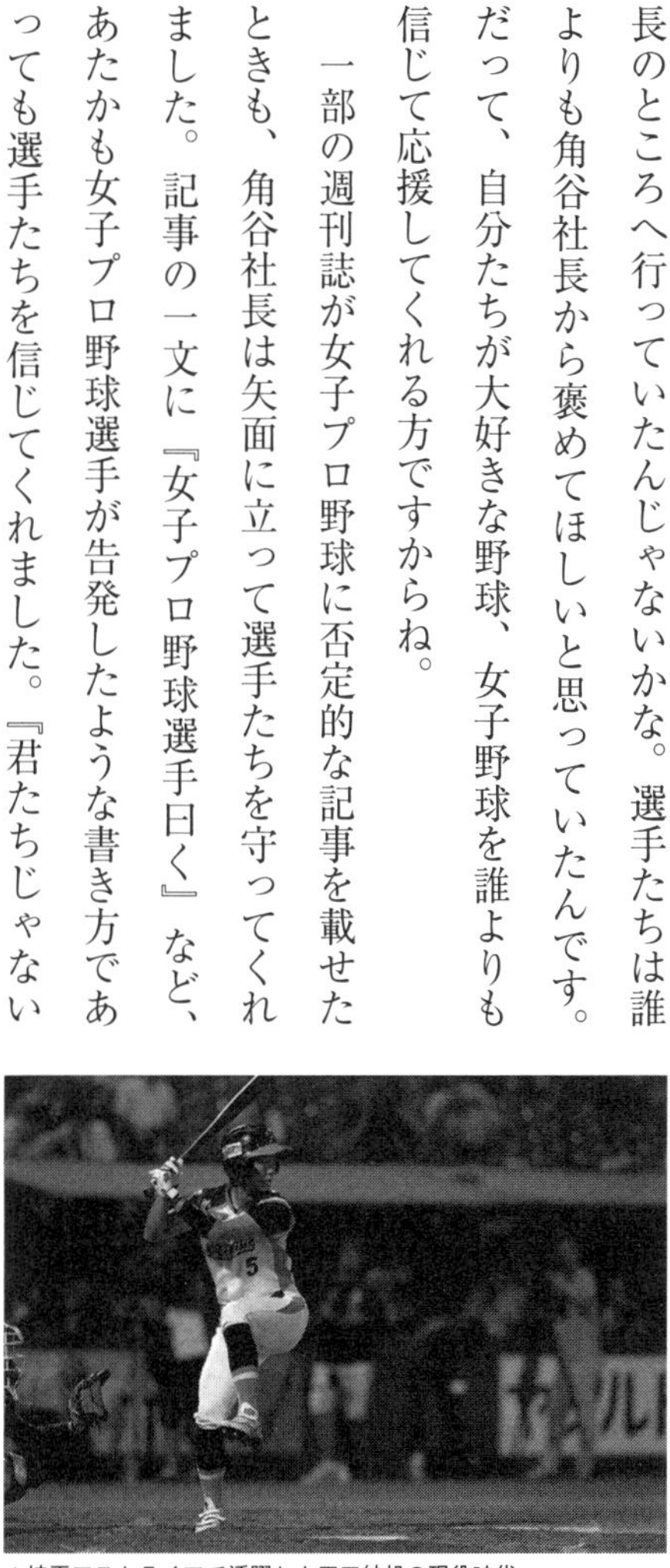

▲埼玉アストライアで活躍した田口紗帆の現役時代

ことくらいわかっているよ。大丈夫、大丈夫』って。

女子高校野球の甲子園開催が決まったときも、選手間で会話が飛び交ったのは『角谷社長って、やっぱりすごいね。角谷社長が言ってたとおりになったね』っていう言葉でしたからね。これまで、角谷社長は『夢は言葉にしないと叶わないよ』と私たちに仰っていました。

『女の子の甲子園』、この言葉をいちばん声に出して行動されてきたのは角谷社長です。そしてその夢が叶いました。やっぱり角谷社長の言うとおりですよね(笑)」


女子野球選手たちの恵まれない環境に出会った二〇〇七年。

その環境を変えるべく、それからわずか二年で立ち上げた女子プロ野球リーグ。

そして、『女の子の甲子園』が実現した二〇二一年。

このわずか十数年の間に、角谷が成し遂げた功績は計り知れない。


陽の目を浴びることのなかった女子野球の世界に、一筋の希望と夢を与えた男は、夢の舞台の実現を見守りながら、今、一つの役目を終えようとしていた。

継承 

『女の子の甲子園』が実現した二〇二一年の年の瀬。
女子プロ野球リーグからこのような内容が発表された。

十一年間に渡り、女子プロ野球を応援してくださった皆様へ
二〇二一年十二月をもって女子プロ野球リーグを無期限休止することとなりました。
無類の野球好きだった角谷建耀知が、少子化に加え、サッカーなど他のスポーツに流れていく環境を危惧して「お母さんとキャッチボール」というコンセプト

で、二〇〇九年に女子プロ野野球リーグを創設しました。

「野球をやっていた女の子が、将来お母さんになり、その子どもが男子であっても女子であっても野球をやってくれる」と思い、そのためには頂点（プロ）が必要と考えました。

プロリーグの重要な点として、土台となるのは女子の野球人口を増やすことでした。選手たちは年間に数百回の野球教室を開催し、スタッフたちは女子の硬式野球部を増やすために全国を回りました。

選手の多くは、引退後に学校やクラブチームの指導者になり、その道を拡げることに尽力しました。

二〇二一年八月には長年の夢だった『女の子だって甲子園』が実現しました。

近年ではNPBにも女子の野球チームが結成され、日本全国に小学生～社会人まで数多くの女子野球人口が増えました。

これで、私たちの役目は終わったと思います。これからは、角谷以上の野球好きの皆さんにバトンをお渡しして、私たちは応援する側に回りたいと思います。

十一年間、女子プロ野球リーグを開催するにあたりご協力していただいた野球場の皆様、自治体の皆様、少年少女など野球連盟の皆様、そしてファンの皆様、本当にありがとうございました。

心から御礼を申し上げます。

二〇二一年十二月吉日
一般社団法人日本女子プロ野球機構

ここに記載されている内容以上に、角谷の想いが伝わる言葉はない。

これまで、彼は表に立つことはあえてしなかった。メディアの前に出たのもわずか数回。頼み込まれて断りきれない場合のみ取材を受けたが、女子野球や女子プロ野球リーグについて自ら公の場で語ることを避けてきた。

なぜなら、女子野球の世界は自分が主役ではなく、脚光を浴びるべき主人公は女子野球選手だと考えていたからである。

そして、女子プロ野球リーグの運営もリーグ代表者に全面的に権限を委譲するなど、あくまでも彼は女子野球を後ろから応援する立場を貫いた。

そんな角谷が公表したこの文面のなかには、女子野球界や女子野球選手たちに込められたメッセージ、後世に遺すべきキーワードがある。

それは、女子プロ野球リーグは『撤退』ではなく、『無期限休止』ということである。

なぜ彼は『無期限休止』という言葉を使ったのだろうか。

その真相を松浪がこのように語っている。

「これまで角谷社長は身を粉にして、女子野球の未来のために尽力されてきました。何度も体調を崩し、倒れてはまた立ち上がる。近くで見ていても居た堪れない姿でした。一企業でこれだけの時間と労力、そして百億円を超える費用、すべてが限界でした。そんななか、名前は伏せますがプロスポーツ界であらゆる改革をおこし、非常に実績のある方とお会いした際、その方がこのように角谷社長に仰られたんです。『もう、一人でやらなくていいよ』と。もしかしたら、そのときに角谷社長の肩の荷が下りたのではないでしょうか。本当にそれまで走りつづけてこられましたから……。ただ、角谷社長にとっては選手のために、そして未来の女子野球界のためにどうしても残してあげたいものがあったんです。それは『記録』です。女子プロ野球選手たちが一生懸命プレーし、積み重ねてきた記録、これがリーグを消滅させるとなくなってしまう。記録だけは選手のために残してあげたかったんです。そして、いつか新たに女子プロ野球リーグが誕生する際に、この記録を継承してもらえる人が現れたら……。そんな願いが込められた『無期限休止』なんです」

角谷はこれほどまでに選手を大切に想い、そして女子野球のさらなる未来に希望を抱いていた。だからこそ、女子プロ野球リーグの無期限休止は決して暗く受け止める出来事ではないのである。

一つの役目を果たした男がいたからこそ、そして、その男の姿を見てきた者たちや共に歩んできた選手たちがいるからこそ、今、彼が蒔いた種が芽を出そうとしている。

現在、角谷の創設した女子プロ野球リーグで育った元女子プロ野球選手たちが、全国各地の高校で指導者となり、またクラブチームを自分たちで立ち上げている。

彼女たちのなかに、確実に角谷の『後継者』がいるのだ。

これまで多くを語らなかった角谷だが、最後にこんな言葉を添えてくれた。

「人生は蒔いた種のとおりに実を結ぶ」

▲現役引退後も野球教室などで女子野球の普及·発展に努める田口紗帆

角谷のこれまでの歩み、そして『女の子の甲子園』を実現させた『キセキ』は後世に永く受け継がれていくだろう。

彼が「女子野球」という世界に蒔いた種が、たくさんの美しい実を結ぶために――。

完

KIRIN
日立化成
アミューズ AMUSE
ホシザキ
卯月林業
大阪信用金庫
わかさ生活
ホーチキ
セブン-イレブン
ガイア
リーガルマンション
大岡産業
日本女子プロ野球リーグ
って甲子園！

YOKOHAMA
YKK AP
内外電機
Be a driver.
GLION GROUP
Coca-Cola Coca-Cola
大成建設
大阪信用金庫
オリオンビール
日本郵便
日成アドバンス
新成トラスト
プレサンスマンション
花鈴のマウンド
女の子た

エピローグ

今や連日、女子野球の話題がニュースで飛び交い、女子野球選手たちにも世間の注目が集まっている。ＮＰＢでも三球団が女子野球チームをつくるまでになり、女子野球界への関心が高まっていることがうかがえる。

しかし、角谷が初めて女子野球に出会った二〇〇七年当時は、競技人口わずか六百人、女子硬式野球部のある高校も全国で五校しかなかった。野球が大好きな女の子たちは誰の目にも留まらず、恵まれない環境のなかで白球を追いかけていた。

もし、角谷が女子野球と出会わなければ、時代がこんなにも早くに動くことは間違いなくなかっただろう。

全国に女子硬式野球部がある高校が四十校以上になることも。

野球をプレーする女子選手が二万人以上になることも。

女子のプロ野球リーグが誕生することも。

そして、女子高校球児が甲子園でプレーする日が来ることも。


取材を進めた中で辿りついた、ある女子野球選手が語った一言が印象的だ。

「私は、高校の監督に言われた言葉がすごく心に残っています。それは、『女の子の君たちが一生懸命、野球を続けていれば、必ず誰かが君たちを見つけてくれる』と。

そして、わたしたち女子野球選手を見つけてくれたのが角谷さんでした」


これまで多くの女子プロ野球選手が語った角谷という一人の男。

その彼に向けて、選手たち全員が不思議なほどに口を揃えて締めくくる言葉。

それは「女子野球を見つけてくれて、ありがとう」である。

この言葉に、選手たちと角谷の深い絆を感じてならない。

最後に、女子野球の歴史をつくった者たちの軌跡を綴っていくため、取材にご協力いただいた皆様にこの場を借りて厚く御礼申し上げます。

ミライカナイ
輝け甲子園の星　編集部

キセキ ～高校野球を動かしたある男の物語～

2023年7月20日　第1刷発行

著　　者　輝け甲子園の星 編集部
特別協力　株式会社わかさ生活

発 行 者　津川晋一
発　　行　株式会社ミライカナイ
〒104-0052　東京都中央区勝どき1-1-1-A1302
URL：www.miraikanai.com
MAIL：info@miraikanai.com
TEL：050-3823-2956（代表）
FAX：050-3737-3375

デザイン　安居大輔
印刷・製本　シナノ書籍印刷